校园文化建设理论与途径研究

徐 辉 著

北京工业大学出版社

图书在版编目（CIP）数据

校园文化建设理论与途径研究 / 徐辉著. — 北京 ：北京工业大学出版社，2025.7 重印
ISBN 978-7-5639-7078-0

Ⅰ. ①校… Ⅱ. ①徐… Ⅲ. ①高等学校－校园文化－建设－研究－中国 Ⅳ. ①G647

中国版本图书馆 CIP 数据核字（2019）第 237800 号

校园文化建设理论与途径研究

著　　者：徐　辉
责任编辑：任军锋
封面设计：点墨轩阁
出版发行：北京工业大学出版社
（北京市朝阳区平乐园 100 号　邮编：100124）
010-67391722（传真）　bgdcbs@sina.com
经销单位：全国各地新华书店
承印单位：三河市元兴印务有限公司
开　　本：710 毫米 ×1000 毫米　1/16
印　　张：11.75
字　　数：235 千字
版　　次：2021 年 10 月第 1 版
印　　次：2025 年 7 月第 4 次印刷
标准书号：ISBN 978-7-5639-7078-0
定　　价：45.00 元

前言

文化是学校的灵魂，贯穿于整个高校体系，体现在人才培养、科学研究和服务社会等各个方面，是高校自身可持续发展的动力和源泉。高校是一个文化机构，文化和精神是高校最核心的价值，文化建设是高校发展的最高阶段。高校的校园文化是直接影响大学生成长的环境因素，校园文化建设是高等教育机制中一个十分重要的环节。随着教育改革和发展的持续深入，校园文化的作用越来越突出，建设任务越来越艰巨。因此，高校应该坚守使命，将校园文化建设放在重要位置，建设具有鲜活个性特质的校园文化，才能形成良好的校风，对大学生起到潜移默化的作用，以利于人才的培养。

全书第一章为绪论，主要阐述文化的内涵以及校园文化的本质等内容；第二章为校园文化建设的原则，主要阐述方向性与批判性相结合原则、主体性原则、国际化与民族化原则、全面性与重点性相结合原则等内容；第三章为校园文化建设的理论构建，主要阐述校园文化的理论定位、校园文化的实践功能以及校园文化的目的指向等内容；第四章为国外校园文化建设的现状，主要阐述国外校园文化建设的特点、国外校园文化建设的经验以及加强与国外校园文化的交流等内容；第五章为我国校园文化建设的现状，主要阐述我国校园文化建设取得的成就、我国校园文化建设中存在的问题以及我国校园文化建设中问题产生的原因等内容；第六章为校园文化建设的导向与管理，主要阐述校园文化管理的目标、原则与策略，校园文化管理的组织，校园文化活动的筹划与设计以及校园文化活动的指导与协调等内容；第七章为校园文化活动的形式，主要阐述思想教育类活动形式、科研学术类活动形式、技能培养类活动形式、文体娱乐类活动形式等内容；第八章为校园文化活动的管理方法，主要阐述校园文化活动的决策方法、校园文化活动的实施方法以及校园文化活动的评估方法等内容。

本书受到国家社科基金军事学项目《当代视野下马克思主义武德思想研究》（项目编号：11GJ003-052）的资助。

为了确保研究内容的丰富性和多样性，作者在写作过程中参考了大量的理论与研究文献，在此向相关专家学者表示衷心的感谢。最后，限于作者水平有限，加之时间仓促，本书难免存在一些疏漏，在此，恳请同行专家和读者朋友批评指正！

目　录

第一章　绪　论 …… 1
　第一节　文化的内涵 …… 1
　第二节　校园文化的本质 …… 4
第二章　校园文化建设的原则 …… 21
　第一节　方向性与批判性相结合原则 …… 21
　第二节　主体性原则 …… 31
　第三节　国际化与民族化原则 …… 38
　第四节　全面性与重点性相结合原则 …… 43
第三章　校园文化建设的理论构建 …… 51
　第一节　校园文化的理论定位 …… 51
　第二节　校园文化的实践功能 …… 55
　第三节　校园文化的目的指向 …… 63
第四章　国外校园文化建设的现状 …… 73
　第一节　国外校园文化建设的特点 …… 73
　第二节　国外校园文化建设的经验 …… 79
　第三节　加强与国外校园文化的交流 …… 88
第五章　我国校园文化建设的现状 …… 99
　第一节　我国校园文化建设取得的成就 …… 99
　第二节　我国校园文化建设中存在的问题 …… 105
　第三节　我国校园文化建设中问题产生的原因 …… 111

第六章　校园文化建设的导向与管理 …… 115
第一节　校园文化管理的目标、原则与策略 …… 115
第二节　校园文化管理的组织 …… 123
第三节　校园文化活动的筹划与设计 …… 126
第四节　校园文化活动的指导与协调 …… 131
第七章　校园文化活动的形式 …… 137
第一节　思想教育类活动形式 …… 137
第二节　科研学术类活动形式 …… 148
第三节　技能培养类活动形式 …… 153
第四节　文体娱乐类活动形式 …… 157
第八章　校园文化活动的管理方法 …… 163
第一节　校园文化活动的决策方法 …… 163
第二节　校园文化活动的实施方法 …… 165
第三节　校园文化活动的评估方法 …… 175
参考文献 …… 179

第一章 绪论

校园文化对于学生的成长和发展具有重要作用，往往无声无息地熏陶着师生的价值取向、思想观念、行为方式、心理状态等。校园文化在发挥着潜移默化育人功能的同时，还对社会发挥着积极的辐射作用，推动社会文化发展。本章主要阐述文化的内涵以及校园文化的本质。

第一节 文化的内涵

一、文化的概念

从广义上讲，文化是人类在历史进程中所创造的物质财富和精神财富的总和。从狭义上讲，文化特指精神财富。文化是一定时期社会政治和经济的反映，是社会意识形态和与之相适应的制度和组织机构。从不同的角度看待文化，文化的概念具有不同的内涵。相对于一定的社会经济和政治而言，文化着眼于建立在一定的政治和经济基础上，是反映政治和经济状况的精神性观念系统。就文化的性质而言，一定的社会文化的性质是由其社会政治和经济性质决定的，不同的经济和政治制度下有不同的文化性质。

二、文化的本质

“文化”最根本、最深刻的含义是“人化”。一切“文化”的含义都是从这个根本含义发展、引申而来的。“人化”，也就是“非兽化”，指兽或猿的心理、行为方式的“非兽”的或“异己”的变化或变化状态（猿的生理方面的“非猿化”“异己化”通常称作“进化”）。比如，猿第一个典型的“人化”表现或状态，就是遮体的“一块兽皮”。这就是从兽“化”出来的，又是任何兽类都不曾具有的“状态”，即“人化”“文化”（最早的“人化”状态应是“打制石器”）。

最初的“人化”状态、表征，还有烤食、饲养（多余猎物）和穿（御寒）皮衣等。再“人化”一些的是称呼的出现、烧陶（受灰烬启发）、煮食、种植等行为的产生，再后来便是分工、血亲、禁忌、组织、岩画、葬祭、战争等。“人化”到这时，再称作“人化”就不合适了，也就是不够“人化”了。此后还是将此种“非兽化”更文雅地称为“文化”，此称呼使人更容易忘掉“兽类出身”这本身就是一种“高级人化”现象。这应该就是“文化”的本质。当然，所有“人化”成果的基础是人类在生产方面的“人化”。“文化”是对人们不同生存状态、人化状态的较全面、深刻和简明的概括。它不同于通常所说的生活方式、意识形态和价值观等，但又将这些有机包含在其中了。这是“文化”最本质的含义。

三、文化的特点

（一）传承性

人类文化具有历史连续性，是社会继承的结果，超越个人而存在。在文化传承的过程中，人们总是批判地、选择性地传承，并不断创新和发展，从而形成了一种固定的文化传统。文化传承与创新的统一是文化延续的保证，传承是文化延续的源泉，创新是文化发展的动力，文化体现了创造的意志力，这不同于本能的生物继承或先天行为方式。

（二）时代性

在人类发展的历史进程中，每一个时代都有自己典型的文化类型。例如，以生产力和科技水平为划分标志的石器时代的文化、青铜器时代的文化、铁器时代的文化、蒸汽机时代的文化、电力时代的文化、信息时代的文化。时代的更迭必然推动文化类型的变异，新的类型取代旧的类型，但这并不否定文化的继承性，也并不意味着作为完整体系的文化发展的断裂。相反，人类演进的每一个新时代，都必须继承前人优秀的文化成果，将其纳入自己的社会体系，同时又创造出新的文化类型，作为这个时代的标志性特征。

（三）人文性

文化也是一种人性化，它必须包含人类活动的痕迹，是一个与“自然”相关的概念。纯粹的自然物体和自然现象不属于文化，经过加工和改造的物质或精神产品包含着人类智慧的结晶，所以它们属于文化。

面对太阳、月亮和星星的运行以及雷电的变化时，人们一方面感到恐惧和困惑，另一方面又激起了人们控制它们的欲望，这样它们就在人类的想象中拥有了类人的形象和特征，所以人间有了关于太阳、月亮和星星以及雷电的神话，并形成了文化。山、河、花、树等不属于文化范畴，但是凭借人类高超的技能，他们可以在高山上雕刻和绘画，建造寺庙和亭台，构成各种神话和故事，从而成为文化。

属于某一族裔群体的人从婴儿开始学习该族裔群体的文化行为守则、交流方式和思维方式，直到所有文化被内化为他们自己的习惯。所谓潜意识学习，是指在日常生活中无意识地学习的方式。所谓有意识学习，是指在父母、老师等的指导下，有意识地、主动地学习文化的方式。这两种学习必须经历互动、观察和模仿的过程。

（四）综合统一性

尽管人们对文化的概念有不同的看法，但对将文化划分为物质文化、制度文化和精神文化的基本观点是认同的。任何一个文化系统中的子文化，都有它自身的一个完备的文化体系，都是一个综合统一体。文化的要素和成分尽管是多种多样的，但它们不是简单的、孤立的要素和成分，不是杂乱无章地拼凑，相反，各要素和成分之间是相互整合而统一的。这种统一性常常通过共同的价值体系和行为模式表现出来。

（五）政治经济性

政治、经济和文化是一个国家最基本的存在形态。一定的政治、经济决定一定的文化，文化反作用于一定的政治、经济。人是文化的主体。在阶级社会中，人是分为不同阶级的。不同阶级（包括阶层）的人对文化有着不同的需求。不同时代的物质生产水平及由此形成的各种经济关系，影响着文化的生存和发展。同时，文化生存和发展的优劣，对政治文明和经济发展具有很强的促进或促退作用，古今中外，概莫能外。开明的政治与开明的文化、发达的经济与先进的文化，专制的政治与专制的文化、落后的经济与落后的文化，都是相互依存和影响的客观存在。但是，文化的发展与经济的发展并不总是同步的。

（六）辩证统一性

每个民族的文化都有着不同于其他民族文化的特点，这就是文化的民族性。任何形态的民族文化，都是适应本民族不同阶级阶层、职业、信仰和不同文化心理的人以及不同的社会环境和生产条件而形成、发展的。这一民族所共同具有的文化历史渊源，承载着大体一致的文化积淀，从而形成本民族的文化特质并促进其发展，这是某一民族文化包容性的体现。一个多民族国家的文化，如中华传统文化，便包容了 56 个民族的文化特征，并由一种带有共同倾向的心理素质和文化特征把各民族凝聚成一个整体。它是一种具有独特的中华民族性格和传统的文化形态。自然，在这个多民族国家的文化整体中，各个民族仍保持着那些具有自身传统和特色的文化因素，如本民族的语言文字、风俗习惯和宗教信仰等。所以说，文化的民族性是一种多元的文化形态。

文化是民族的，也是世界的，是民族性和世界性的辩证统一体，这是文化包容性最为突出的标志。当今世界上，任何一种成熟的文化，都是属于全人类的，纯粹独立的民族文化是不存在的。文化通过各种传播媒介在世界各国之间相互传播，交流与冲突，选择与融合，并推动各民族文化的发展或迁移。即使在交通落后、信息闭塞的古代，世界各个民族之间的文化交流，也始终在通过各种渠道（如战争、经商人员往来等）进行着。

第二节　校园文化的本质

一、校园文化的概念

校园文化是教育文化的重要组成部分，是指学校为完成教学育人任务而营造的一种教育环境文化。校园文化是育人管理的载体或手段，是学校发展的软实力，以文化育人为核心，以德育成才为最高目标。校园文化管理摒弃了以权力、命令、约束、惩罚的刚性管理，弱化了说教式、灌输式的传统的居高临下的强压管理。其育人的管理方式是营造一个良好的育人环境。毋庸讳言，就教育资源而论，师资、物质条件都是育人成才不可或缺的重要因素，但是最关键的还是学校的文化所创设的教育教学、生活、工作、交际、价值取向的育人环境。

校园文化是育人成才的自我完善机制。校园文化作为一种环境育人的力量，主要通过所处群体的一致行动的集体影响，在人们从众意识的推动下，对集体精神，对身边的生活、学习和工作环境产生感觉，创生感动，唤起响应，去自觉实现自我价值和学校核心价值。

育人环境就像一面镜子，驱使站在镜子面前的每一个人时刻审视自己的行为状态，检查自己、反省自己、端正自己、修理自己，对照人文环境，看自己的人生，决定自己的行为。在校园文化建设中矫正、规范自己，使自己满意，实现自我表现、自我教育、自我完善。

自我完善不是放任自流，更不是自由放荡，特别是在校园文化管理运行的初期，更需要严格管理，从严治校，从严治教，从严治学。任何愿望的达成都不是自发的，都是在严格管理下产生自觉而实现的。当一些人尚不理解校园精神、价值取向、要求准则、规范意义和为什么要这样做的时候，必须根据制度要求执行，这样可以有效地遏制少数人某些不良言行和不良习惯的存在和影响，持之以恒地把道德规范、行为准则传递给师生员工，使他们由不理解到理解，由不自觉到自觉，由被动到主动。教师、学生、领导、家长由“要我这样做”到“我要这样做”的这个自我完善的过程就是遵循环境、发展进步的过程；是在学校集体精神、个性风格熏陶感召下产生的自觉和自律；是通过学风、教风和校风等各种教育途径，使师生懂得目标追求，懂得良好行为规范、道德习惯、人生价值等，懂得为什么要这样做和怎样做，从而自觉地执行这些规范，培养良好习惯，进一步使人们在集体精神的优化中规划和实现自己的目标。

校园文化育人是一个养成教育过程。校园文化养成教育是指潜移默化的过程教育。这个过程在全面贯彻和发挥校园文化的各个文化要素中。教育就是培养习惯，这对每一类教育都是适用的。习惯的培养是一种慢功夫，既不能急于求成，揠苗助长，也不能漫不经心，放任自流，失去控制。它是一个有计划、有目标、树榜样、细致入微的加工过程。

习惯养成如同育人环境的沉淀一样是一个历史成果，是聚沙成塔、集腋成裘的过程，更是一个细针密缕的绣制过程。在师生的教和学、管理与服务中抓住细微、细小的优秀典型，有意识地发酵、放大，使之形成影响力，在点滴中强化教育功能，让学生从中悟出道理，养成各种良好的习惯，成就人的一生。

校园文化的本质主要分为三个方面：第一，校园文化是一种亚文化，是社会大文化的一个组成部分，受社会主流文化的影响和制约，与社会主流文化保持基本一致的倾向；第二，校园文化是校园物质文明与精神文明的客观反映；第三，校园文化在实现学校各项职能的过程中产生和发展，又时刻为学校实现各项职能服务。

二、校园文化的特点

（一）全员性

校园文化是师生员工的集体精神，融合了全体成员的智慧和心血。校园文化建设和管理，不是特定人员和职责部门的专利，是师生员工共同的使命。在校园文化的管理和实践中，所有问题都要经过师生集体讨论，共同决策，形成全员共识。校园文化的这种全过程的全员参与，把一般学校的民主监督提升到民主决策的高度。在校园文化运作中，师生互为教育者和受教者，所以校园文化管理机制是调动全员积极性、主动性和创造性的管理机制。只有依靠并重视全员管理，才能取得学校育人质量的最佳效果。

（二）过程性

校园文化的功能之一是潜移默化的养成教育。养成本身就具有过程性，它的养成逻辑是从认识到实践，由实践到认识自觉，最终形成习惯行为的渐进过程。校园文化的建设管理，从策划、实施、检查到改进，是一个完整的闭环过程，每一项结构内容、每一个工作步骤、每一项保证措施，都是经过周密设计，严格控制的。要求事情无论大小，职责不分主次，都要把每一件小事做好，把握校园文化建设管理的每个环节，掌握活动过程，做好过程的优化。

（三）系统性

校园文化是一项结构内容丰富、运行管理复杂的系统工程，涉及学校内物质的、制度的、精神的、行为言行的、所有成员的和知识技能体系的方方面面，它们共同整合构建成一个全方位立体化的育人大系统，在德智体美劳诸方面造就人才。校园文化中的每一项结构性组成要素，都是校园文化大系统中独具特色和功能的子系统。每一个子系统在发挥其功能时，都与其他子系统相互配合，相互协调，相互补充。只有系统性的管理，才能形成时时刻刻、无处不在的巨大影响力。

（四）可塑性

校园文化与社会文化是相互交融的，它的建设、发展固然要受到诸多社会因素以及学校地位等因素的影响，但从根本上说，它更易受到学校的职能、特定的校园文化主体，尤其是学校教育者的教育教学和行为方式的制约。学校的天职是培养人才，它必须按一定的社会要求，从根本上说是人类进步的要求，来培养和教育学生。这一根本要求，决定了校园文化必须具有较大的和较强的可塑性。

从某种意义上说，教育者是校园文化可塑性及其建设性的关键，学校教职员工的价值观念、精神素养和道德风貌决定了校园文化的性质、水平和风格。校园文化已经不仅仅是教育教学的背景条件，而且同时也被纳入了教育者的自觉行动中，并成为教育教学的一部分。当然，校园文化的可塑性并不是说校园文化建设可以随心所欲，并不等于校园主体的行为不受任何条件的限制。至少它要受物质条件的制约，要受学生身心发展规律的制约，要受教育规律和文化规律的制约，还要受校园主体的素质的制约。

（五）改进性

世上任何事物都处于不断的变化发展之中，校园文化管理不是阶段性的应急工程，更不是一劳永逸、一成不变的工作。它虽有一定时期的稳定性和持久性，但所有学校的校园文化都要随着社会、政治、经济、科技环境的变化而变化。高校更要有时代气息，与社会接轨，要随着社会人才市场的需求，开发新专业，改造旧专业，随着新技术、新设备、新材料、新工艺的创新，改革教学内容、教育教学和文化管理的方式方法。因此，校园文化的改进是持续的，需要长期不断地完善和提高。每次改进和完善，都要形成更优化的文化氛围，使育人环境产生质的升华。这种升华是对校园文化螺旋式的优化。

（六）开放性

校园是一个开放系统，校园文化是一种开放性文化。校园与社会有着千丝万缕的联系。一方面，校园文化一开始就受到社会主流文化的影响，并将这种影响整合，以各种形式反映在学校的精神及物质生活中，从而形成学校特有的文化氛围、生活方式。可以说，有什么样的社会主流文化，就有什么样的校园文化。另一方面，校园文化也在不断地向校园以外的大千世界进行辐射，影响和干涉社会主流文化的发展，是社会主流文化向前发展的重要源泉。思想交流的自由、新信息的共享，使校园文化在开放中形成特定的格局。

校园文化的开放性，不仅是指它向校园以外的社会文化的开放，向各种亚文化系统的开放，而且是指向国外文化的开放。只有通过兼容并蓄各种先进的社会文化和外国文化，校园文化本身才能从中不断吸收养分，从而提高和发展自己。特别是现在，国内外许许多多有益的物质财富和精神财富大量地涌入学校，校园文化的开放性特点就表现得格外明显。当前中国校园文化建设，无疑要坚持我国的教育方针，在立足民族优秀文化传统的基础上，“面向现代化，面向世界，面向未来”。

校园文化的开放性，还具体表现在文化的“同化”与“适应”的方式上。一是表现在校园主体，尤其是学生主体知识面的扩展上，学生的知识来源不再局限于课堂的狭小天地，而是从校园文化的广阔天地汲取营养；二是表现在校园文化的内容与形式上，校园文化内容丰富、形式多样，是高雅与普及多层次相结合的文化；三是表现在校园文化活动参与者的广泛性和开放性上，校园文化主体包括了校园内所有不同年龄、性别、民族、年级的全体师生。随着经济和社会的不断发展，校园文化的开放性将表现得越来越明显。当然，校园文化的这种开放性不是毫无限制的天马行空，而应该与学校职能和具体的培养目标相适应。

（七）时代性

校园文化不是存在于真空里的，它有与社会文化包括外来文化接触的优越条件，它的培育、塑造，不可避免地要受到社会文化大气候的影响，必然要打上它所处的那个特定时代的烙印。更为重要的是，学校教育的职能和校园主体中教师较高的文化素质，决定了校园文化必然充分反映时代精神，带有鲜明的时代特征。校园文化总是伴随着社会和时代的主题演化着自己的主题和形态。校园文化的时代性主要体现在创新与发展两个方面。

言其创新，不仅是因为创新契合人类本性和现时代的呼唤，更是因为校园具有独特的文化主体。教师学高为人师，身正为人范，他们基础知识扎实，文化底蕴深厚，肩负着为人类塑造未来的使命。学生心怀少年志，代表着国家和民族的希望，他们较少“传统”负担、身心发展正旺。校园内生存着这样一群文化素质较高或呈上升趋势的思想敏锐、刻意创新的校园人，突显出校园文化的创新特质。

言其发展，不仅是因为校园文化主体的创新特质，也是由学校的社会职能决定的。教育的未来性和学校功能的滞后性，决定了校园文化不仅要以新的姿态进行不断的自我完善、自我发展，并且常常以其自我完善和自我发展推动着社会文化的发展，自校园发始的文化常常影响社会文化的新一轮革命。校园文化的时代性和一定意义上的超前性，极大地激发了校园主体生命中潜在的超越性和创造性，成为社会文化前进的基本动力。

三、校园文化的本质特征

（一）校园文化的内在驱动性

校园文化功能的发挥，不是依靠一种硬性管理或权力影响力，而是依托校园文化运作经营出来的文化环境，通过师生员工心理过程的逐步深化和优化，产生自我约束、自我奋进向上的驱动力量，激发每个人内心深处的自觉的积极性、运动性和创造性。树立个人的前进目标，把学校的意志变成个人的自觉行动，这种“不用扬鞭自奋蹄”的推动力量正是校园文化最典型的特征之一。

（二）校园文化影响力的持久性

校园文化影响力的持久性表现在以下两个方面。一是影响力的形成过程是缓慢持久的，是在师生员工共同培育下一点一滴积累、优化营造起来的。一般经过从影响要求、行为引导、从众仿效学习、引发理性心理变化、由规范要求变成内在压力，到最终变成定向价值取向的自觉行动，形成良好习惯。二是影响力一旦形成师生员工集体维持的校风，其影响力更是经常而持久的，并在校园文化管理的全部过程中持久地传承下去，不会因为人员的变化、时间的推进而变化，只会不断优化过程，强化效果。一届学生毕业离校，已经营造起来的文化氛围依然会发挥影响力，规范一届又一届新生。校园文化的这种影响力不仅表现在学校对人才的培养方面，而且表现在它将持久地影响着所培养的人才在工作岗位上的行为表现、发展方向、生活态度和做人准则等诸方面。

（三）校园文化建设的超前性

所谓超前性，是从高校培养实用型人才这一特定角度来说的。学校是文化传递的重要场所，而教育又是创造未来的事业，因为它培养未来的建设者。因此校园文化相对于社会文化不能只是简单的认同，而是要根据社会发展对人才的要求，使之具有超前性和自身稳定性。校园文化要具有抗干扰的能力，由于校园文化所传播的基本上是一种理想化的文化，理想和现实之间会有矛盾冲突，现实社会中存在的消极因素和不良倾向，必然会影响校园文化的健康发展。因此，校园文化必须处在一个优化的文化环境中，在任何情况下，都能自觉地、有力地抵制和排斥某些现实文化的消极成分，从而在根本上保证校园文化的社会主义方向。校园文化建设的超前性与自身稳定性都是相对的，它所追求的是动态中的平衡。

（四）校园文化的广泛性和实践性

校园文化的广泛性表现在：一是有利于开阔学生视野，为师生员工广泛吸取社会多方面的信息知识和技能开辟了渠道，也为师生聪明才智的充分发挥提供了平台；二是校园文化的主体包括学生和全体教职工。

校园文化的实践性表现在：一方面校园文化与学校所有的教育教学实践活动紧密相连，并应用于教育教学活动；另一方面，学校各种实践活动，都是师生共同组织和参与的，自己动手创造条件，开展各项活动，在实践活动中增长才干。

（五）校园文化提高工作效率的有效性

校园文化管理能够培养良好的氛围，促进高效机制的形成，促使学校整体工作“更上一层楼”，使每一个师生员工都能发扬主人翁的精神，以创新创优为己任。不仅尽职尽责地完成自己分内的使命，同时为全校的校风建设尽心尽力。这种在竞争中合体、在合体中竞争的共同奋斗历程，增强了师生员工对学校的使命感和自我发展的成就感，推动了学校的发展，提高了工作学习的有效性。

校园文化是学校长期管理中积淀的独具个性的特色文化，当制度文化、教学文化、物质文化、精神文化、行为文化内化为个人素养的时候，师生员工就能自觉主动地产生追求奋斗目标的动力，也就形成了学校管理有效化的最高境界。在准确把握教育教学规律和学生身心发展规律的前提下，从转变学生的思想入手，从树立正确的价值观、人生观入手，推动学生树立正确的理想和前进目标，学生有了自我发展和奋斗的目标，学校育人成才的效果就会极大提高。

四、校园文化的性质

建设有中国特色的社会主义高等教育必须坚持社会主义办学方向，这是由我国的社会主义制度和高等教育所具有的社会属性所决定的。我国是一个社会主义的国家，我国的高等教育事业是我国社会主义教育事业的重要组成部分，这就决定了我国高等教育的社会主义性质。校园文化的性质由承载它的高等教育的性质所决定，中国高等学校校园文化的性质是社会主义的。

植根于中华民族文化之上的高等教育，除了符合高等教育的规律特点之外，还明显地带有中华民族的浓重色彩。中华民族历史悠久，中华文明源远流长。中国是世界文明古国之一，她所具有的社会结构决定其文化特质，并世代相承、绵延伸展。

中华民族的文化特质存在于民族的文化心态之中，这种心态受政治伦理和哲学思想的影响而形成，而且成为一种思维方式、行为方式，成为中华民族世代相沿的一种文化心理结构。这种民族性、文化心态和行为方式不是一成不变的，它随着社会的发展而改变和调整，它的一些基本方面历经千年依然留存，使中华民族区别于世界其他民族。凡中国的教育，无一例外地受到中华民族文化的影响，中国的高等教育和高校的校园文化概莫能外，也具有民族性。

校园文化从性质的内涵反映出校园文化是由多种体系构成的统一整体。课程体系，指按照一定的教学计划向学生传授未来从业所需的知识和技能，灌输思想和观点；行为体系，指校园内人们的各种行为、活动及培养的习惯等；物质体系，包括校园中各种教学设备、文化体育设施及校园内的物质环境；观念体系，即学校的传统、校风、教风、学风、人际关系、集体舆论、心理氛围以及校园群体的世界观、价值观、政治观、理想信念等。

文化本来就是人类生活的社会现象。校园文化管理说到底是对“人的管理”，是以人为出发点的，并以人的价值实现为最终管理目的。这种管理是靠“人管理”和“管理人”之间所形成的文化力互动来实现的，其本质是以文化为基础，强调人的能动作用，是“以人为本”的更高层次的“人本主义”。这种“以人为本”的校园文化管理，非常清楚地确定了“人”的主体地位，其核心在于增强师生员工的责任感和使命感，增强师生员工的文化自觉和文化自信。教育者不再是唯一提高教学质量和学生分数的主导者，在环境育人中，教师的教育和教学只是一种文化目的。以育人为纽带联系起来的师生员工这组特殊的人群，是学校里的主体，他们都肩负着身体力行育人的重任，他们同时又互为客体，都在校园文化运行实践中，接受其他师生员工的影响和感召。

校园文化的“以人为本”，就是以育人为根本。校园文化管理的宗旨是利用所有文化元素去转变人、塑造人和成就人。对内是培养德才兼备的实用型人才，对外是为社会输送有较高综合素质的技能型劳动者。所以校园文化管理最终目的是“一切为了学生”和“为了学生的一切”，使学生身心健康发展，把学生培育成才摆在校园文化管理的第一位。

校园文化是多元文化育人网络。校园文化是一个有机组合，由内容丰富、形式多样的文化育人要素构成一个整体的育人网络，运用和调动学校内人、财、物、信息、技术、各种活动过程、课程体系、观念体系、人际关系等一切育人的积极因素，覆盖了学校所有的空间和时间。在这个立体育人网络中，观念和价值取向处于核心地位，精神培养和建设是关键，各个文化要素之间既相互融合，相互协调，相互关联，相互制约，又各自独立地发挥本身的育人功能，起着对立体化育人网络的强大的催化、促进和提升作用。这也是校园文化育人成才，区别于任何一种单独孤立的育人手段的本质之处。

任何群体或个人其思想品质和心理的形成、发展都是在一定环境中进行和完善的。校园文化营造育人环境。校园文化建设的终极目标，就是营造一个影响师生行为的环境，一个育人的人文环境。在长期的学校管理和实践中，通过师生员工的行为表现，相互接触交流，相互影响，自我规范和心灵展现，逐渐形成一种新的自动驱动人们奋进的生活方式。它以巨大的无形的影响力，矫正不当言行，驱动群体奋进向上。生活在这个环境中的任何人，无一例外都要受到它的陶冶、感应和驱使。它成为师生员工的优良行为准则，引导着人们观念、理想、道德、行为、人格品质的提升和智力的发展。

五、校园文化的体系

（一）以形态划分

1. 显性文化

显性文化是隐性文化的载体，隐性文化是校园文化的核心。显性文化包括课程体系、物质体系和行为体系。

课程体系：课程体系是指按照专业教学计划，向学生传授知识、技能，灌输思想和观念的体系。

物质体系：物质体系是指学校内所有的教学设备设施，自然的和人为的物质环境体系。

行为体系：行为体系是指师生员工的各种活动、行为表现和培养的习惯等。

2. 隐性文化

隐性文化包括观念体系、规范体系和物化形态。

观念体系：指学校的传统、教风、学风、校风、人际关系、集体舆论、心理氛围以及学校群体的世界观、价值观、政治观、理想信念等。这是学校文化的核心内容，是校园文化中最深层的结构要素，它集中反映了一个学校的本质特征、精神面貌，体现出学校的办学方针、宗旨、培养目标和独特的风格。

规范体系：主要指师生员工在校园这个特定的环境中应遵循的标准和准则，包括各种规章制度、条例、纪律、守则、职责范围、岗位责任、道德要求、习俗、日常交流准则等。

物化形态：即由学校的传统、教风、学风、校风及师生精神面貌等物化（外化）来的学校的发展方向（整体发展规划、基本建设计划、学生培养目标）以及各种标识、装饰装潢、校歌、校徽、校旗等。

显性文化和隐性文化共同构成了校园文化的统一整体。两者相互作用，相互制约，相互补充。其中观念体系处于核心地位，并决定和制约着其他方面的文化要素，但作为校园文化的整体，各要素又具有内在的统一性和协调性。

（二）以效用划分

1. 正文化

正文化就是健康向上的校园文化内容，即在培养社会所需要的人才的过程中能发挥良好效能的文化氛围。例如，优美的校园环境、整洁的宿舍和教室、健康的图书交流、和谐的人际关系、雄厚的师资力量、优良的学风校风、科学的世界观和人生观等。

2. 副文化

副文化是背离了时代精神，背离了校园文化主流的一切畸形的文化形象和文化心态。例如，脏乱差的校园环境，懒散的生活习惯，紧张的人际关系，不健康的心理及课桌文化、厕所文化、墙壁文化，打架，赌博，偷盗，损坏公物，盲目崇拜西方思想，超前消费，酗酒，精神空虚，轻视劳动，厌学，“混学”，考试作弊等。

（三）以体系划分

1. 理念体系文化

理念体系文化与精神文化相似，包括办学理念和治学精神，是高校校园文化的灵魂，决定着学校的办学方向与核心价值观。它关系到学校培养什么人、走什么路的根本问题，是学校的办学方针和指导思想。

2. 行为体系文化

行为体系文化是校园文化触动的过程活动文化，重在价值取向，理想追求，包括教风、学风、班风、领导作风、管理作风、服务作风等实实在在的表现。

3. 视觉体系文化

视觉体系文化是凝固办学理念和治学精神、认知校园文化的直观形象文化，包括学校标识、色彩、标准字、图案、社团文化等。

六、校园文化的内容

（一）校园物质文化

1. 校园形象

校园形象是指由校园文化所支配的学校客观态度在公众心目中的主观印象。校园形象不仅来源于公众对学校外在表现的观察，还源于对学校内在精神的感知。校园形象作为一个整体，由以下基本要素构成。

（1）观念形象

办学理念和办学思想是办学的根本，支配着学校教职工的教育行为。尽管办学理念和办学思想是不可见的，但却实实在在地发挥着导向作用。办学理念和办学思想的改革是塑造校园形象的先导。

（2）组织形象

学校组织结构包括领导、教职工、管理制度、管理机制等，这些构成组织结构形象。学校组织结构将各种教育资源优化组合，合理配置，营造出和谐的集体环境，让人们协调配合，产生最佳群体效应。

（3）行为形象

行为形象包括学生形象、教职工形象以及领导形象等。学生是校园形象的核心，是校园形象的最终体现者；教职工形象是校园形象的重要因素，高质量的教职工队伍是高质量学校教育的保障；领导形象是校园形象的关键要素，尤其是校长的形象与学校的形象密切相关。

（4）环境形象

学校的环境形象不仅包括学校的各种教育教学设施、生活设施、娱乐设施、美化设计等，还包括师生在长期的教育教学活动中形成的自觉遵守的价值观念。校园的校风、环境氛围以及师生心中的精神理念都是校园环境形象的要素。校园环境形象的建设，有利于培养师生的群体意识，提高师生对校园的责任感和归属感。

（5）学校的公关形象

任何学校的生存与发展都必须依靠社会。高校教学的重要使命就是通过促进学生成长，培养高素质人才，进而推动社会进步。学校在社会公众中的形象，不仅取决于学校的物质环境，还取决于师生的质量。

2. 校园环境

整洁是文明的重要表现。校园外观明快、清新，花草并融，乔灌结合，错落有致，景点相宜。教室、寝室、办公室、图书阅览室、食堂等处干净卫生，物品摆放有序，完美无损。这样的校园环境能给人以亲切、认真的感觉，启发全校师生员工的自尊自爱和严肃守纪。

校园应是宁静的。校址要尽量远离主要交通干线和工厂等噪声源。内部教学活动更要减少相互干扰。学校的教学区、运动区和生活区分布合理，建筑物整体风格突出，单体各显特点，墙面装饰色彩协调。静谧的环境、有序的人流、有张有弛的生活节奏给人以归属感，能激发学生心中的博爱和进取精神。

学校是润泽人心灵的殿堂。校园的一草一木、一砖一瓦、题字标志要有反映学校个性的风格特色，使人产生差异感和新鲜感，启发学生的探索和创造精神，使学生保持良好的心境投入学习。

学校应结合教学实际提出少而精的警语、口号，反映在科学园地和各种类型的黑板报、墙报上，这有助于教育教学质量的提高。这些工作应由学校总务部门统筹规划，做到新颖、美观和规范化。这一切都有利于良好校风的形成。

3. 生态环境

学校生态环境是指学校中各类人员进行以教与学为主的各种活动所依赖的种种物理因素与社会因素。学校生态环境是复合生态环境。学校生态环境与生态主体之间有着广泛的联系，并以此构成学校生态系统。学校生态环境从性质来分，可分为物理环境、社会环境以及心理环境等。其中，学校教育的物理环境包括：校园布局、校园建筑、设备布置以及照明、颜色、噪音等物理条件；学校教育的社会环境则包括学校自身的各种因素，如学校规模、班级规模、座位编排等。

良好的学校生态环境，应是一个优美、开放、和谐，各种环境要素布局合理，并富有一定教育意义的空间。学校生态环境的规划，从宏观上讲，既要适应学校外部的环境要求，又要使内部各种环境要素布局合理。在进行学校环境规划时，要充分利用地形、地势、地貌以及其他环境特点，在当地城乡总体规划的要求下，对学校进行总体布局设计。在考虑学校内部各种环境要素时，应将校址的选定、学校规模的确定、校园中各种环境因子（如各种类型的建筑物）的宏观布局等因素，纳入规划范围内，统一考虑，协调平衡。同时还要充分考虑学校教育教学活动的特点以及学生身心发展的要求，把学校建成开放、活泼，线条明快，造型大方，功能分区合理，使用方便，有充足的绿地和运动与活动场地的良好生态环境空间。

（二）校园精神文化

校园精神文化是校园文化的核心和灵魂，是社会主义精神文明的重要组成部分，是指师生共同遵守的价值标准、理想信念、精神风貌、道德风尚等。校园精神文化是衡量校园文化优劣的重要标准。校园精神文化主要包括以下几个方面。

1. 学校目标

学校目标是学校发展战略的核心，是校园文化建设的出发点和落脚点。高校应该将培养“四有”人才作为学校的培养目标。只有这样，才能坚持正确的政治方向，充分调动各方面的积极因素，推动校园文化建设。

2. 教育思想

这是学校为实现根本目标而在教学科研管理等一切活动中的基本信念，是学校领导班子对人才培养方针、战略和策略的哲学思考。它是学校在长期办学的实践中自觉形成的，并为全体师生员工所认可和接受，具有相对的稳定性。一个学校只有用正确的教育思想作指导，才能不断提高办学质量和教学水平，并取得好的效果，实现学校的教育目标。

3. 学校精神

它是学校有意识地提倡、培养的师生员工群体的优良精神风貌，是对学校已有的观念意识、传统习惯、行为方式中的积极因素进行总结、提炼和倡导的结果，是全体师生有意识地实践所体现出来的，因此，学校精神是校园文化发展到一定阶段的产物。校训是学校精神概括的集中体现，因其文字简练、内涵深远而广为流传。

4. 校风

校风是校园文化的外在表现，是学校及其教职工在办学过程中形成的一种精神状态及精神风貌，包括教学作风、科研作风、生活作风、体育锻炼风气等组成部分。校风通过学校全体师生员工的言行举止反映出来，是约定俗成的行为规范，一旦形成便可在校园中造成一定的氛围，形成学校集体的心理定式，成为影响全体成员的无形的巨大力量。吸收社会风气的积极因素、排除消极因素，建立优良的校风能使全校师生员工产生强大的凝聚力、向心力，推动学校事业不断发展。

5. 学风

学风是指一个学校的治学精神、治学态度和治学原则。社会主义大学的优良学风，本质上是一种治学的科学精神、科学态度和科学方法，是辩证唯物主义的世界观和方法论在治学方面的体现。由于各个高校的历史社会环境不同，发展道路不同，学科性质和结构不同，其集体意识的倾向也会有所不同，于是形成各具特色的学风。

6. 学校道德

它是指学校内部调整人与人、单位与单位、个人与集体、个人与社会、学校和社会之间关系的准则和规范。道德与制度虽同属行为准则和规范，但制度带有强制性，道德具有非强制性。道德的内涵包括道德意识、道德关系和道德行为三个部分。学校道德就其内容结构上看，主要强调调节教职工之间、师生之间、学生之间、师生与学校之间、学校与社会之间几个方面的关系。

7. 学校传统

学校传统指学校在长期的办学实践中所形成的相对稳定的办学思想、办学模式、行为方式、行为习惯和校园风气。显然，学校存在的时间越长，其传统更成熟，其稳定性也越大。学校传统是校园文化的重要来源和重要组成部分。这种历史传统，与学校本身创建的时代、地域或某些学科专业的特殊目标相联系。

8. 办学风格

办学风格指的是一所学校在长期办学过程中所形成的办学特色和办学个性。这种办学特色和个性之所以成为校园精神文化的一部分，就是因为办学风格对师生有着潜移默化的教育和影响作用。风格是无形的，它的影响和渗透力是无处不在、相当强大的，在一所办学风格独特、个性鲜明的学校学习、工作，在其办学风格的长期影响和熏陶下，师生员工身上会形成一系列与该校办学风格相一致的文化积淀。

9. 校园思潮

校园思潮是校园精神文化的一种重要现象。校园文化思潮与社会主义文化思潮有着密切的关系。校园思潮，一方面是一种文化和精神现象，另一方面又是一定阶段学生思想“热点”、行为选择的反映。

（三）校园制度文化

1. 学籍管理制度

学籍管理，就是对取得学籍的学生，从入学注册，成绩考核与记载，升、留（降）级，转学（转系或转专业），休学，停学，复学，退学，奖励与处分，毕业和毕业资格审查等方面，按照党的教育方针、教育自身规律以及学生身心发展的特点，制定出规章制度及所实施的管理。学籍管理的对象是学生，其主要任务是管好三个关键性环节，即新生入学复查关、学习过程的考核关和毕业资格的审查关。学籍管理的任务繁重，内容丰富且涉及面宽，归纳起来主要有以下几个方面。

第一，新生入学资格的审核和取得学籍的管理，包括新生报到、注册中各种证件的审核与登记注册，对新生德智体美劳诸方面的严格复审等。已取得学籍并在校学习的学生，每学期初都要办理注册手续。

第二，课程考核和学生成绩管理，包括课程考核的组织、成绩的评定与登记记载管理。

第三，学生的学籍变动管理，如按有关规定审核或批准转学、转系、转专业，办理休学、停学、复学、退学手续，根据学业成绩确定升级、留级或降级等。

第四，毕业资格的审查和各种证书文凭、学位授予的管理，符合有关规定者，准予毕业，发给相应证书；否则视具体情况进行处理。学籍管理条例具有约束力和强制性，但不是为了“限制惩罚”学生，而是为了更好地指导学生成长。

2. 环境管理制度

校园环境指的是围绕在校园范围内的人们周围的客观存在。它可作“自然”与“人文”之分。校园内的花草树木、校舍建筑、场地设备、室内布置等可称作自然环境（其实都已是“人化”的自然）；校园内的政治、道德、文化、人际关系等可视为人文环境。自然环境可理解为物质形态的环境，人文环境可理解为精神形态的环境，它们都是构成育人活动的必要条件。物质环境，如校舍、教室、教学器具、实验仪器等是育人不可缺少的条件，而且随着科学技术的发展，学校的物质环境需要不断改善，这样才有可能走在社会发展的前端。

校园精神环境同样是育人必备的条件之一，良好的校风学风、和谐的人际关系和有序的校园管理等都是育人活动得以正常开展的前提。环境管理必须靠完善的制度来保证。由于环境管理涉及的范围较广，所以建立制度涉及的方面也很广、很细，按这些制度的作用来分，大体可分为三类：引导型制度、奖励型制度和惩罚型制度。

3. 课外活动管理制度

课外活动管理制度是学校管理的重要内容之一，主要包括对师生在课外从事的社团活动、文体活动、科研活动、社会实践等的管理制度。加强课外活动管理，有利于提高教学质量，强化思想政治教育，丰富学生的课外生活，促进学生的全面发展。课外活动管理制度主要包括以下几种。

①社团活动制度。社团活动制度是课外活动管理制度的重要内容之一，主要包括社团的注册、申请、管理、组织等。

②文体活动制度。文体活动制度是课外活动管理制度的基本内容，主要包括课外文娱活动和体育活动的管理制度。

③社会实践制度。社会实践是近些年兴起的一项课外活动。社会实践制度主要包括公益劳动、勤工俭学等的管理制度。

④社会政治活动制度。社会政治活动是课外活动中政策性较强，且需要高度重视的内容。社会政治活动制度的内容主要包括社会政治活动的目的、要求、类型、方式、管理、规定等。

4. 思想教育管理制度

我国是社会主义国家，我国学校的人才培养目标是培养德智体美劳全面发展的社会主义建设者和接班人，是从德、智、体、美、劳五方面来衡量人才的质量和规格的。从教育科学角度看，德育、智育、体育、美育和劳动精神一起构成了教育的系统工程，而且德育应放在首位。为此，必须建立完备的思想道德教育管理制度，主要表现在以下几个方面。

第一，建立完善的、行之有效的思想道德教育管理体制。目前，我国实行的是综合管理体制，主要由专职党、团干部责任制、指导教师（辅导员或班主任）责任制和学生自我教育和管理制（包括学生党团组织管理制度、学生会组织管理制度、学生社团及刊物管理制度、学生勤工俭学社会实践管理制度、学生业余文体活动管理制度、学生寝室管理制度等）构成。

第二，加强思想政治教育。思想政治教育的内容主要通过政治理论课、思想政治教育课和日常思想政治教育来体现。政治理论课又称公共政治理论课，包括马克思主义原理课、中国革命史课、邓小平思想理论课等。思想政治教育课主要包括形势与政策课、法律基础课、思想修养课、职业道德课和毕业生就业指导课等。日常思想政治教育主要包括日常政治理论学习、党团组织活动、个别学生思想教育等方面。

第三，建立科学的思想道德考核办法。目前，不少高校都实行了学生素质综合测评办法，对学生德、智、体、美、劳各方面进行测评。然而，多数办法定性多、定量少，缺乏科学性、全面性和实效性，也存在一些弊端。

5. 奖惩管理制度

高校培养学生不仅要依靠教育，还要依靠管理。为达到预期的教育目的，需要在培养学生的各个环节中将教育和管理有机结合。只有这样，才能培养出高质量人才。实践证明，高校中的奖惩制度是非常有效的管理手段之一。

第一，奖励。奖励是对师生员工的于社会、集体和他人有益的行为的肯定性评价。它可以从正面肯定他们的行为中的积极因素，起到表彰先进、树立榜样、弘扬正气的作用。奖励可分为物质奖励和精神奖励。物质奖励有奖学金、专项奖学金（主要针对学生）和纪念品等；精神奖励分为口头表扬，通报表扬、表彰，发给奖状、奖章、证书或授予荣誉称号等。

第二，惩罚。惩罚是对师生员工的于社会、集体和他人有害的行为的否定性评价，是用于使受惩罚者认识并改正自己错误行为的方法。对学生的惩罚主要有通报批评、警告、严重警告、记过、留校察看、勒令退学、开除学籍等，对教职工的惩罚主要有通报批评、警告、严重警告、开除等。为更好地调动师生员工的积极性，扶正抑恶，各学校都制定了相应的奖惩制度，如学生管理规定中的奖励与处分条例，三好学生、模范学生干部、优秀团员评选条件，奖学金评比办法，贷学金制度，优秀党员、先进党支部评选办法等。

第二章　校园文化建设的原则

新时期高校校园文化建设要坚持正确的发展方向，始终用社会主义先进文化来引导，确保校园文化建设服从和服务于我国社会主义现代化建设的需要，服从和服务于培养更多更好的中国特色社会主义事业建设者和接班人的需要。同时，校园文化建设在坚持正确发展方向的基础上，要体现文化的批判性和超越性。应该说，坚持方向性和批判性相结合，不仅有利于确保校园文化发展的正确方向，而且有利于校园文化作为一种“青春”文化的社会功能更好地发挥。本章阐述了校园文化建设的四个原则，分别是：方向性与批判性相结合原则、主体性原则、国际化与民族化原则以及全面性与重点性相结合原则。

第一节　方向性与批判性相结合原则

一、方向性原则的内容

大学校园文化是社会主义文化的重要组成部分，具有鲜明的政治特点，大学校园文化建设要符合国家发展的主旋律，与教育改革的方向相适应。为此，校园文化必须坚持正确的政治方向，也只有这样，才能保证校园文化的先进性、优质性和高品格。这就是说，只有坚持以马克思主义先进理论为指导，才能保证校园文化建设的先进性，使校园文化创新沿着正确的方向发展，并引领社会文化的发展；才能准确认识和正确把握校园文化创新的规律和方法，使校园文化在创新中发展，在发展中创新，不断开创新局面，取得新成果。

在坚持正确的指导思想的前提下，校园文化建设还应坚持“百花齐放，百家争鸣”的方针，积极借鉴和吸收人类一切文明成果和精神财富，摒弃一切没落腐朽的东西，使校园文化既保持正确的发展方向，又健康活泼，充满活力。

然而值得强调的是，我国目前仍处在社会主义初级阶段，经济成分和利益的多元性导致了文化的多元性，还由于不同类型大学文化的价值取向、文化修养、知识结构、志向追求等方面的差异，使得校园文化呈现多样性。在这种情况下，我们不能在指导思想上有任何的动摇和偏差，必须坚定不移地坚持马克思主义指导思想在校园文化创新中的主导地位和指导作用，不断增强师生员工的社会主义理想信念，努力为中华民族的伟大复兴而创造出更加辉煌灿烂的文化。

二、方向性与批判性相结合原则的内容

高校校园文化建设是一个逐步展开的历史过程，是不断由低级向高级发展的历史过程。在这个过程中，校园文化建设要始终坚持好方向性与批判性相结合的根本原则，从而确保校园文化的健康发展，不断发挥好校园文化的积极作用。

（一）坚持马克思主义先进文化

马克思列宁主义、毛泽东思想、邓小平理论、“三个代表”重要思想和科学发展观是一脉相承的思想体系。这种思想体系是科学世界观和方法论的集合，是人类科学思想文化的结晶，反映了社会发展的规律，引领了社会前进的方向，代表了广大人民群众的根本利益。坚持马克思主义先进文化的指导性是我国革命和建设取得成功的重要法宝。

新时期，我国社会主义文化建设必须坚持以马克思主义世界观和方法论为指导，不断推进文化建设的全面健康发展。高校校园文化是我国社会主义文化的重要组成部分。校园文化建设在总体上应服从和服务于当代有中国特色的社会主义文化建设的根本要求，在基本原则上也应该保持高度的一致性。因此，马克思主义先进文化自然成为我国高校校园文化建设的根本指导思想，成为广大学生树立正确的世界观和价值观的理论基础。

当前，高校校园文化建设要突出邓小平理论、“三个代表”重要思想和科学发展观的指导作用，尤其要注重用科学发展观统领校园文化建设的实践，这是校园文化建设沿着社会主义方向发展的根本保证，也是校园文化建设健康发展的必然选择。邓小平理论、“三个代表”重要思想和科学发展观本身就是先进文化的集中体现，也是培育先进文化的思想指南。高校校园文化建设坚持邓小平理论、“三个代表”重要思想和科学发展观的指导作用，要着重在以下三个方面进行强化。

首先，校园文化建设要着眼于社会主义社会生产力和社会主义国家综合国力的提升。为此，校园文化建设要自觉坚持科教兴国战略和人才强国战略，突出科学精神、改革精神和创新精神的培育，始终做到以学生为本，竭力提高大学生的综合素质，使他们成为我国社会主义先进生产力的推动者和实践者。

其次，校园文化建设要着眼于社会主义先进文化的前进方向，自觉地担当起创新、弘扬和发展先进文化的历史任务，坚持面向现代化，面向世界，面向未来，竭力推动民族的、科学的、大众的社会主义文化建设，不断用体现时代性、规律性和创造性的文化成果来武装当代大学生的头脑，丰富当代大学生的精神世界，使他们成为马克思主义先进文化的推动者和实践者。

再次，校园文化建设要着眼于当代大学生人生观和价值观的培育与改造，促进他们树立远大的理想，养成服务国家、服务社会和服务人民的高尚情怀，最终使广大学生成为广大人民利益的维护者和实现者。

同时，我们必须看到，随着我国政治、经济、文化和社会的发展变化，在一定程度上存在着淡化和忽视马克思主义的思想倾向。这种现象的存在也给高校校园文化建设带来了一些消极的影响。因此，新时期高校校园文化建设在坚持马克思主义先进文化指导地位的同时，必须注意克服各种淡化和忽视马克思主义的思想倾向。

当前，我们特别要注意来自西方世界的各种反马克思主义和非马克思主义思想文化的传播和流行。高校在学习吸收外来思想文化的过程中，要自觉加强批判意识，注重结合中国本土文化的特点和要求，有选择、有针对性地接受外来思想文化，尽量减少外来思想文化的负面效应。

通过深刻的批判和分析，广大学生充分认识到马克思主义的科学性和正确性，认识到各种腐朽、落后文化的消极性和危害性。只有这样，大学生们才能自觉地接受马克思主义先进文化的指导，自觉地抵制各种消极文化的干扰，不断认清先进文化的前进方向，不断用先进文化来武装自己，提高自己，完善自己，把自己塑造成合格的有中国特色的社会主义事业的建设者和接班人。

（二）坚持有中国特色的社会主义发展道路

任何一种文化形态都是社会现实的反映，再现了社会现实的逻辑特征和脉络走向。我国高校校园文化建设是我国社会主义文化建设的一部分，理所当然地具有社会主义性质，在发展方向上，校园文化建设必然是服从和服务于有中国特色的社会主义发展实践的客观需要，不断为社会主义现代化培养更多更好的建设者和接班人。因此，在校园文化建设实践中，我们要始终把走有中国特色的社会主义道路作为校园文化建设的重要主题来抓，不断培养大学生对社会主义的思想感情，增强他们走社会主义道路的信念。

在校园文化建设实践中，高校要多开展社会主义理想信念教育，通过丰富多彩的校园文化活动，将社会主义理论和信念不断内化为广大学生的自觉意识。

要使广大学生认识到只有走社会主义道路才能真正实现国家富强和人民幸福，认识到中国走社会主义道路是历史的选择，也是现实的选择。

纵观中国近现代史，太平天国运动、洋务运动、戊戌变法、辛亥革命等，中国近代史上一系列的大事件，最终都没有改变中国的历史命运。而中国共产党高举马克思主义理论伟大旗帜，团结和带领全国各族人民经过艰苦卓绝的革命斗争，取得了中国革命的伟大胜利，从而建立了崭新的社会主义制度。

实践证明，只有中国共产党领导的新民主主义革命为中国找到了新的发展道路，中国走社会主义道路是历史的选择，是符合社会发展规律的选择。只有社会主义才能救中国，只有社会主义才能发展中国。改革开放以来，中国社会主义建设取得了举世瞩目的伟大成就，中国人民生活水平实现了从温饱到小康的历史性跨越，创造了人类文明发展史上的奇迹。这种巨大的发展成就充分证明了坚持社会主义道路的正确性，证明了社会主义制度的无比优越性。

在社会主义理想和信念教育活动中，高校还要将“什么是社会主义，如何建设社会主义”这个根本性、全局性的问题向广大学生说清楚，使他们认清我国社会的前进方向。经过多年的实践探索，应该说，我们对什么是社会主义、怎样建设社会主义已经有了非常科学的认识。认识到社会主义的本质是解放生产力，发展生产力，消灭剥削，消除两极分化，最终达到共同富裕。

当然，无可否认，我国社会主义建设仍然处在初级阶段，与世界发达国家相比还有很大差距，在社会主义建设实践中还有很多不完善的地方。但是，我们有理由相信，有中国特色的社会主义现代化建设的兴旺发达是不可逆转的历史趋势，社会主义取代资本主义将是一个必然的历史过程。

在校园文化活动中，高校还要善于引导广大学生正确地分析和对待我国社会主义建设实践中存在的各种问题和矛盾。一方面，我国目前仍然处在并将长期处在社会主义初级阶段，社会主义的优越性体现得还不充分，发展过程中存在着一些曲折是在所难免的，真正实现社会主义还需要几代人、十几代人、甚至几十代人的努力和奋斗。另一方面，我国目前存在的问题和矛盾是前进中的问题和矛盾，这些问题和矛盾通过社会主义的不断发展和完善是可以得到有效解决的。通过这种科学的教育和引导，高校将进一步坚定广大学生走社会主义道路的信心和信念。同时，我们也必须清醒地认识到坚持走有中国特色的社会主义道路仍然面临着各种错误思想意识的挑战，牢固地树立社会主义信念仍然是我们需要加强的思想政治教育工作。

因此，在社会主义建设过程中，如何强化社会主义信念，坚定社会主义道路仍然是一项艰巨的任务。在实际生活中，有一些人用简单对比的方法得出社会主义制度不如资本主义制度的结论，从而否定社会主义，赞赏资本主义；有一些人对社会主义改革不能正确认识，认为中国的改革就是走资本主义道路，把学习和借鉴西方资本主义的科技成果和管理方法视为在社会制度上对资本主义的简单认同；也有一些人从世界社会主义运动的低潮中丧失了对社会主义的信念。

此外，国际敌对势力仍然在不遗余力地压制我国社会主义的发展，不断干扰我国社会主义建设，这也对一些人的社会主义信念产生了消极影响。针对这些情况，高校校园文化建设应该有所作为。高校要坚持用马克思主义的世界观和方法论对各种错误的思想认识进行认真分析和批判，从而让大学生远离各种反社会主义的思想观念。

在正确认识社会主义道路必然性的基础上，坚定广大学生的社会主义理想和信念，增强广大学生神圣的历史使命感和历史责任感，激发广大学生为社会主义建设而奋发学习的不竭动力，使他们在政治上、思想上和党中央保持一致，在行动上自觉地投身到建设有中国特色的社会主义的伟大实践之中，从而为实现我国社会主义现代化的宏伟目标做出应有的贡献。

（三）坚持社会主义道德原则

高校校园文化发挥着教育人、改造人和塑造人的特殊功能，道德教化在其中发挥着重要的作用。道德观念的塑造、道德感情的培育、道德意志的磨砺和道德行为的养成是大学生健康发展的重要标志，是培养德智体美劳全面发展的人才的内在要求，也是校园文化活动的根本目的之所在。因此，在校园文化实践中要突出道德建设，将提高当代大学生的道德素质放在非常重要的位置，促进广大学生树立正确的人生观、价值观和世界观。

道德和法律一样是重要的社会调节手段和控制方式，道德在协调人与人之间、人与社会之间、人与自然之间以及人与自我之间等各种关系中发挥着重要的作用。良好的道德风尚和道德行为不仅可以维护社会的和谐与稳定，也可以促进人的自我完善和健康发展。道德作为社会上层建筑的重要内容，它往往具有很强的阶级性和民族性特征。

社会主义道德是和我国社会主义现代化建设实践相配套的上层建筑的组成部分，它反映了社会主义现代化建设实践对道德提出的根本要求。在社会主义现代化建设中，社会主义道德是重要的精神动力，激发人们积极参与到社会主义现代化建设的伟大实践中去，在创造性的劳动实践中实现人生的价值。

新时期，高校校园文化实践活动要自觉地坚持社会主义道德建设的基本方向，努力营造良好的社会主义道德氛围，广泛普及社会主义的道德观念和道德规范，不断引导广大学生遵循社会主义的道德原则。高校只有坚持社会主义道德的基本原则，按照这种基本原则来塑造大学生的道德素质，才能培养出符合时代发展要求的现代化建设人才。

实践反复证明，缺乏一定的社会主义道德修养，人们不仅难以融入社会自觉地为社会做贡献，甚至还会做出一些危害他人和社会的事情，影响社会的和谐与稳定。改革开放以来，我国社会政治和经济生活发生了深刻的变革，与此同时人们的道德观念也发生了巨大的变化。一方面是各种反映时代要求的崭新的道德观念和道德行为不断形成，另一方面是各种不符合时代要求的落后的、腐朽的道德观念和道德行为也在不断出现。

在社会生活中，我们可以看到许多道德失范现象。在政治领域，一些人为了个人的需要，贪污受贿，以权谋私，大搞权钱交易、权色交易；在经济领域，见利忘义、唯利是图的行为大量存在，不讲信用的商家和假冒伪劣产品充斥着市场，坑蒙拐骗成为社会公害；在文化领域，一些人缺乏社会责任感，文化作品的色情化、庸俗化几乎成为一种时尚，文化作品严重缺乏创造性、批判性和超越性的精神品格，文化没有担负起塑造人、改造人的独特使命。

这些道德失范行为严重干扰了我国社会主义政党的政治秩序、经济秩序和文化秩序，也影响了人的自我完善和健康发展。社会生活领域里各种道德失范行为对校园文化产生了许多消极的影响，也给大学生的道德观念带来了巨大的冲击。大学生处在特殊的年龄阶段，人生观、价值观和世界观都处在逐渐成熟时期。一方面，他们富于青春的幻想，对前途充满各种美好的期待，希望学业有成，将来在社会上有所作为；另一方面，他们又缺乏坚定的意志力和自我控制力，容易受到各种思想和行为的诱惑和干扰。

从目前的实际来看，社会道德失范现象对广大学生的影响是十分明显的，各种形式的极端个人主义、拜金主义和享乐主义思想观念在一些大学生身上有所表现。因此，在校园文化建设中，强化社会主义道德建设已经成为非常紧迫的任务，我们要在坚持社会主义道德原则的基础上，有效地批判各种腐朽的道德观念和行为，不断净化校园道德环境，消除各种腐朽的道德文化的消极影响。

三、方向性与批判性相结合原则的必要性

方向性与批判性相结合是一条根本性的原则。这一原则在高校校园文化建设的原则体系中处于主导性和全局性的地位，坚持好这一原则直接关系到校园文化建设的社会主义性质，关系到校园文化建设健康发展的道路。因此，高校

校园文化建设首先要坚持好方向性与批判性相结合的根本原则。

（一）高校校园文化健康发展的必然趋势

新时期，我国高校校园文化建设发生了许多新的变化，校园文化呈现出一些新的特点。随着我国改革开放的不断深化，高校校园里各种文化思潮的激荡更加频繁，人们的文化选择和理解维度也日趋多样。这里既有中华民族传统文化的反思和复兴，也有西方文化思潮的传播和融入，更有马克思主义文化的新生和发展。

因此，高校校园是一个多元思想文化的载体，不同性质、不同层次的文化都会在校园文化建设中有所体现，校园文化可以说是先进与落后并存、民族性与世界性同在的文化形态。面对这种文化发展的实际状况，校园文化如何将方向性与批判性结合起来，及时地吸纳反映时代性、体现规律性、富于创造性的文化精神，及时地批判和抛弃落后的、腐朽的文化意识和行为，从而确保文化发展的先进性，就显得非常重要。

当前，我国高校校园文化建设在坚持方向性与批判性相结合原则方面取得了很大进展，但也面临着一些现实的挑战，内容如下。

1. 文化价值的多元化影响

在改革开放的背景下，人们的自我意识逐步成熟，思想活动的独立性、选择性、多变性和差异性日益增强，价值选择的多元化已经成为不可阻挡的文化趋势。在这样的文化环境中，大学生们的价值观念也呈现出多样化的特点，无论是学习内容的取舍，还是工作单位的选择，无论是生活方式的追求，还是人生目标的设计，都不再是单一化的固定模式。

这种多元化文化价值观念的形成在一定意义上反映了社会的进步，是人们思想解放的必然结果。但是，在多元化的价值观念中也存在着一些不利于社会发展的消极思想意识，诸如拜金主义、极端个人主义和享乐主义等价值观念。这些消极性思想观念的存在往往容易误导人们的行为，不利于社会的和谐与稳定，并对当代大学生的思想和行为产生一定的负面影响。

因此，新时期，高校校园文化建设要面对文化价值多元化的发展趋势，注重对大学生的人生观、价值观进行有效的教育和引导，不断用健康向上的文化价值观念来塑造大学生的思想，促使他们真正成为有中国特色的社会主义先进文化的实践者。

2. 生活方式的影响

随着社会经济成分、组织形式、就业方式、利益关系和分配方式的多样化，人们的生活方式也日益呈现出多样化的状态。在这种背景下，大学生的生活方式相应地呈现出多样化趋势。

广大学生的自主选择性增强了，他们并不简单地认同或满足于大学校园内的各种文化活动，而是经常性地走出大学校园，在广阔的社会环境中追求具有自我个性化的生活方式，这就对校园文化建设的吸引力和凝聚力提出了更高的要求。

面对大学生生活方式多样化的现实，校园文化建设必须主动地进行改革和创新，不断丰富校园文化生活的内容，调整校园文化生活的形式，切实增强校园文化的感召力和向心力，从而让广大学生在校园文化活动中拥有自己的生活乐趣。

3. 西方文化的渗透影响

在世界经济一体化的潮流中，各个国家争夺资源、市场和人才的竞争日趋激烈。西方敌对势力始终没有放弃对我国西化、分化的图谋，他们将这种目的的实现寄托在当代中国的大学生身上，总是试图用他们的价值观念来影响中国学生，使中国学生在思想上亲近西方文化精神，最终达到其控制中国社会发展方向的目的。

面对这种挑战，我们要时刻提高警惕，增强防范意识，不断瓦解西方敌对势力的图谋。为此，我们要筑牢大学生的思想防线，不断用社会主义先进文化来武装他们的头脑，使他们具有敏锐的文化判断能力、正确的文化选择能力和科学的文化批判能力。

4. 高等教育市场化的影响

随着市场经济体制的逐步推进，高校这个神圣的精神家园也开始出现了市场化、产业化的倾向。这对高校校园文化的建设产生了一定的冲击。受经济市场化的影响，高校在人才培养上容易出现急功近利的思想和行为，人文素质教育相对弱化，校园文化建设也在一定程度上被忽视。与此同时，在市场化的社会环境中，校园文化活动的内容和形式无形中也被打上市场化的印记。校园文化因之而失去其自身所独有的精神气质和文化品格，并大大降低了校园文化建设的功能和作用。

面对以上诸种挑战，我们需要进一步坚持好方向性与批判性相结合的根本原则，只有坚持这个根本原则，我们才能在坚持校园文化建设正确发展方向的同时，克服各种不利于校园文化建设的消极因素，从而实现校园文化建设的健康发展。

（二）总结历史经验教训的必然选择

坚持方向性与批判性相结合的科学原则是高校校园文化建设健康开展的基础和保障。实践证明，什么时候我们坚持了这条根本原则，校园文化建设就能够健康发展，什么时候我们忽视了这条根本原则，校园文化建设就会出现偏差和失误。应该说，我国在校园文化建设方面是有过深刻的历史教训的。

新时期高校校园文化建设注重方向性与批判性相结合的原则，正是对历史教训深刻总结和反思后的必然选择。党的十一届三中全会以后，我国开始了社会主义改革开放的伟大实践，长期封闭的国门打开了，学习西方先进的科学技术和管理经验成为加快中国发展的重要条件。

然而，正是在对外开放的过程中，一些落后腐朽的西方文化也纷纷涌入，并对中国人的思想产生了很多消极的影响，特别是在20世纪80年代中后期，西方的思想文化大量涌入高校校园，一时间不加分析地阅读和谈论西方文化作品几乎成为大学生们的一种时尚。

由于缺乏科学的批判态度，没有对西方文化进行客观分析，机械地认同一些错误的思想观点，从而出现了资产阶级自由化思潮泛滥的倾向，进而造成了不良的社会后果。前事不忘，后事之师，历史的教训深刻警醒我们，高校校园文化建设一定要坚持正确的前进方向，同时又要善于用先进的思想文化来批判和改造落后的中外思想文化，真正实现洋为中用、古为今用。

（三）吸取世界经验教训的必然结果

方向性与批判性相结合的原则具有很强的普遍性价值，它是任何国家的高校校园文化建设都要自觉遵循的重要原则。放眼世界，我们可以看到，西方发达国家高校校园文化建设实践中也曾出现过惨痛的教训。由于没有将方向性与批判性有机结合，西方高校校园文化一度出现了各种反社会、反文明的现象。

以美国校园文化为例，20世纪中叶美国高校校园文化建设严重地忽视了方向性与批判性相结合的原则，结果导致了大量的学生造反运动。大学生造反运动从20世纪60年代开始逐渐扩展，大量的学生不接受社会主流文化，放纵自己的本能欲望，逃避社会责任，淡化社会规则。这种学生造反运动不仅给社会的发展和稳定带来巨大的危害，也给大学生自身的健康发展带来不利的影响。

中国作为发展中国家，追赶世界发达国家是我们正在做的事情。在学习发达国家发展经验的同时，我们必须善于吸取发达国家的经验教训，从而使我国的社会主义建设尽量少走弯路，减少社会发展代价。

同样，在高校校园文化建设中，我们也要善于吸取西方高校校园文化建设中的教训。西方发达国家高校校园文化建设的教训告诫我们，高校校园文化建设必须在坚持方向性的同时注重对各种文化思想进行科学的批判和改造，在批判和改造各种文化的实践中更好地坚持正确的文化发展方向。只有将二者有机地结合起来，高校校园文化建设才能健康稳步地发展，才能发挥其积极的教育人、改造人和发展人的光荣使命。

（四）社会文化和校园文化互动的要求

高校校园文化是一种特殊的亚文化系统，其存在和发展总是以社会文化的存在和发展为背景，在有形无形中受到社会文化的影响。而高校校园文化又具有自身的独特性，它天然地具有批判性的精神气质，这种精神气质是由高校校园文化的创造主体和建设使命所决定的。

校园文化作为一种文化含量最高的高层次文化，是在文化的继承与创新的过程中形成的融汇校园精神和个性表达的特殊的文化结构。它更多地或几乎全部表现为精神性的生产活动，是社会文化中极富创造性和批判精神，极具探索气质和导向作用的部分，因而在一定程度上代表着社会文化超越，即校园文化以其特有的敏锐对社会发展做出超前反映，在社会文化活动中常以进步的个性独树一帜，对社会文化中的消极文化现象进行坚决的批判和否定。

高校是文化传播、弘扬和创新的重要基地，在文化建设和发展上总体现出批判性和超越性的精神品格。批判性是保证校园文化形成、维持和发展的机制。高校校园文化受到社会主流文化的影响，同时又反作用于社会主流文化。

一方面，高校校园文化要坚持社会主流文化的前进方向，围绕国家的办学方针和政策，服从于人才培养的根本目的。

另一方面，高校校园文化在服从和服务于社会主流文化发展方向的同时，校园文化又必须保持自己的独特性和超越性，从而发挥高校校园文化对社会文化发展的引领作用。

在正常的社会发展时期，离开社会主流文化的前进方向，高校校园文化就不能发挥积极的功能，甚至会危害社会的稳定和发展；而如果仅仅简单地服从于社会主流文化，高校校园文化建设就会丧失自己的文化品格，从而不能担负起对社会文化进行改造和引领的职责，不能真正地代表先进文化的前进方向。

第二节　主体性原则

一、校园文化的主体

高校师生是校园文化建设与创新的主体和依靠力量。没有他们的作用，没有他们积极性、主动性、创造性的发挥，就没有校园文化的生成、创新与发展。他们知识丰富，思想敏锐，勇于进取，要激发和调动他们参与校园文化建设的积极性、主动性和创造性，释放潜能，发挥作用，集思广益，群策群力，把校园文化推向新的发展水平。激励和发挥师生员工的积极作用，就要重视他们在校园文化建设中的主体与主导作用，尊重他们的个性及其差异性，鼓励他们敢于冒尖，张扬个性，让他们在校园文化的舞台上，尽情地展示才能。

要尊重和肯定他们的首创精神，变消极因素为积极因素，变被动为主动，充分发挥他们的积极性、主动性和创造性。只有把师生员工主体性的作用发挥出来，才能真正体现校园文化建设的本质内涵，才能最终实现校园文化建设的根本目标，形成激情迸发、生机盎然的校园环境和氛围，创造出丰硕辉煌的文化成果。

校园文化的主体是指在校园文化发展过程中起主要直接作用以及受校园文化影响最大的校园群体，它是校园文化的主要建设力量，也是校园文化功能作用发挥中所要针对的主要对象。弄清校园文化的主体，对于遵循主体性原则，推动校园文化的顺利发展具有重要意义。

对于校园文化的主体，学术界有多种观点。有人认为，教师在校园文化构成中最有活力，是校园文化水准的代表，因而将其作为校园文化的主体；也有学者看到了学生在校园文化中的地位和作用，认为学生在校园文化中的主体地位无可争辩；而大多数校园文化的理论研究者，对此采取了一个折中的办法，强调校园文化是在全体校园人的共同作用下形成发展的，它所影响的也是全体师生员工，故而认为校园文化的主体是所有校园人。对于第三种观点，赞同的人较多，其影响力较大，由于这个主体是多个群体的组合，并不确指哪个部分，因而也称为“综合主体”或“无主主体”。

这三种观点同时并存，表明其必有各自合理的部分。在前人理论研究的基础上，校园文化的主体同校园文化的含义一样，也有广义和狭义之分。广义的校园文化主体包括全校的师生员工，狭义的校园文化主体则单指广大青年学生。广义和狭义是相对存在的，在校园文化发展中牵涉到校园文化主体时，对广义和狭义的理解，完全取决于发展的需要，而没有严格的原则可循，没有固定的标准可依，只要更有利于校园文化的发展，就是正确的理解。例如，在进行校园文化建设时，如果选择狭义理解，将校园文化主体局限于大学生群体，而把大学校园中的其他成员排斥在外，它所产生的力量就很微弱，根本无法满足发展建设的需求。

校园文化建设需要树立全校共建意识，群策群力，才能收到好的效果，仅凭学生群体，不仅资金、技术、管理等方面严重缺乏，也无法总揽全局，把握校园文化的前进方向。在这种情况下，我们应当从广义上来认识，将所有校园师生员工作为校园文化的主体。

而对于此处论述的“主体性原则”，应当作狭义的理解，即将学生作为校园文化的主体。原因有以下三点。

（一）从实践活动与人的发展逻辑关系来看

逻辑关系是事物发展必须遵守的一个重要原则，而实践则是检验真理的唯一标准，所以校园文化发展也应当符合实践和逻辑关系，以学生为主体。教师传授知识的活动，只是一种“刺激和强化”，这些知识不论多少，都必须被学生们理解、接受、内化以后才能使学生发展。

在校园文化中，特别是在较常见的校园文化活动中，教师们参与的形式往往是引导和指导，其具体的实施大多由学生完成，他们完全能够选择或突破教师的指导内容，这种客观实践要求学生充当校园文化的主体。如果学生不是主体，或者像人们通常从现象层面所看到的那样，认为教师是主体，那么教育活动便成了教师的实践活动，而不是学生的实践活动，相应地，教育就成了教师的而不是学生的自我建构过程；作为教育实践活动的结果——人的发展，便成了教师的发展，而不是学生的发展。教育过程如此，校园文化的发展过程也如此。

（二）从校园文化发展的要求来看

校园文化作为教育的一个组成部分，需要遵循教育规律，必然也受到教育的影响。特别是在当前教育改革加紧进行的社会环境下，“以人为本”的教育理念、“以学生为中心”的新型关系正逐步确立、推广，这就要求在高等教育中树立“学生本位”的思想。校园文化要想谋求深层发展，也必须突出强调学生的地位，发挥他们的主体作用，适应教育的发展。

（三）从校园文化发展的目的来看

遵循主体性原则是为了更好地发展校园文化，而校园文化的发展则是为了通过其功能的发挥，作为高校教育的重要组成部分更有效地育人。这个“育人”

尽管也包括教师及其他工作人员的自身完善和发展这个客观结果，使他们的教学思想、教学方法、教学经验、服务态度等出现转变，但它毕竟不是教育的主要目的，教育的目的是将青年学生培养成有用的现代化人才，校园文化也应当以此为目的，使校园文化的甘霖更多地洒向学生，让他们茁壮成长。

二、主体性原则的具体体现

将学生“争取”为校园文化的主体不是目的，在确立学生主体地位以后，更重要的是在实践活动中发挥他们的主体性，让这种主体作用在校园文化发展中体现它的价值和意义。要发挥学生的主体性，在当前形势下，主要是发挥他们的积极主动性、创造性和个性，这也是主体性在现实活动中的具体表现。

（一）充分调动学生的积极主动性

校园文化发展需要广大学生积极主动地参与和组织各种类型的校园文化活动。但校园文化活动的参与和组织不同于教学活动，教学活动有一定的强制性和约束力，校园文化活动则不同，它是学生们自愿开展的，学生们在面对这些活动时，完全有权选择参加或不参加，也就是说，学生在校园文化活动中的自由度还是相当大的，他们完全能够按自己的需要和要求，对自己感兴趣的活动倍加关注而对不合自己口味的活动形式和内容视而不见。

所以，在校园文化发展中，学校要根据学生的兴趣和需求组织相应的活动，并尽可能多地变换活动的内容和形式，以一种全新的面孔去吸引更多学生的注意，使他们产生兴趣，从而积极主动地参与到校园文化建设中来，推动校园文化的发展。

学生的积极主动性的充分发挥离不开一个民主自由的环境。我们这里的“学生”是主体，而不作为个体存在，因此学生的校园文化活动必须是一种集体性活动，以群体合作的形式进行。此时，如果校园中缺乏民主，学生们的自由受到限制，他们就会对校园文化失去兴趣，失去信心，其主动性的发挥、主体作用的实现就失去了保证。

由于在其他外部因素相同的状况下，自由选择的活动具有较大的优越性，因而校园文化应当创设一个民主、宽松的环境，使学生的自由选择成为可能，使学生的主体性得到体现，使校园文化快速健康地发展。

学生的积极主动性不是绝对的、无条件的，它也存在自觉发挥与被动服从、眼前利益和长远利益的辩证关系的特点。某些时候学生可能处于一种被动状态，但这种眼前的暂时的被动是为了更长久的主动，没有这种暂时的被动则长久的主动就得不到保证。

另外，尽管学生要发挥多方面的主动性，但也并非所有的主动性都是我们所期望的。只有那些正当的适当程度的主动性才是我们所希望的。例如，在校园文化发展过程中，教师对学生的方向引导和方法策略的指导，在一定时期内使学生在某种程度上处于被动状态。但从根本上说，这不仅不是压制，相反，它是一种激发，激发出一种较好的主动性，激发出一种长期的、有益于校园文化发展的主动性。

（二）努力激发学生的创造性

校园文化要想获得发展进步，从根本上讲也离不开创新，离不开激发学生的创造性。因为发展的本质是原有内容的充实、方式方法的改进或新事物代替旧事物的过程，没有新事物的出现，发展也就无从谈起。

而且，努力激发学生的创造性，这也是发挥学生在校园文化发展中的主体性作用的必然要求。从校园文化的发展历程来看，校园文化是一定时期社会主流文化在校园中的折射和反映。社会主流文化将其影响落实在学生身上，使他们的价值观念、生活方式等各方面发生变化，进而形成一种为群体认同的集体意识。这也是校园文化的形成过程，在这个过程中，学生的主体性表现得相当充分，因为主体不是游离于社会和集体之外的孤立个体。

学校教育的目的是为了让学生成为真正的教育主体，不仅要提高学生的主体意识，注重提高自我意识和自我教育能力，而且还要激励学生努力去自我实现。尤其是要注重引导学生积极发挥主体性，自主学习、自主探索，培养学生的创新能力，这也是校园文化发展的内在动力。

（三）强化学生的个性

校园文化是以其独特的文化创造为标志的，它也在不断地对外显示其个性。任何一所成功的高校，都是通过扬长避短，形成自己独特的风格，并在激烈的社会竞争中独辟蹊径，才走出一条有着鲜明特色的改革之路的。所以，个性是与创造性紧密联系在一起的，没有个性的发挥或个性发挥得不够充分，都会阻碍创造，延缓事物发展的进程。

僵化、单一的制度产生的往往是呆板、无活力的行为模式，能提供的创造空间极为狭隘，产生的相应的创造欲望就会极其淡薄，创造的能力也就无由形成。但人才是文化的载体，作为校园主体的学生，既是文化影响的对象，又是文化建设的主人，校园文化个性的塑造，还得靠青年学生个性的强化培养来实现。

因此，在现有的条件下，校园文化要想形成自己的个性，校园要想成为开发创新能力的园地，成为创造性人才不断涌现的乐园，成为新科学、新技术产生的母体，将校园文化发展到一个新的阶段，就必须通过强化学生的个性来发挥他们的主体作用。

个性是一种创造活力，一种对自身价值的追求。从表面上看，强化个性是与校园文化所追求的广泛认同力、向心力、凝聚力等相违背的，而且也和人的全面发展相抵触。但事实上，这种科学的“个性”，既包括人们彼此相同的共同性，也包括彼此不同的差别性，它们是辩证统一的，不存在否定或抹杀其相对立的内容的情况。

当然它更多的是强调了人的个别性和差异性，但也不过是对全面发展观中个性成分的进一步张扬，在本质上仍然是一致的。连传统教育的代表、著名教育家赫尔巴特也指出，要把学生的个性作为整个教育教学工作的出发点，告诫教师要尽量避免对学生个性的侵犯。所以广大校园文化建设者应当高度重视学生个性的强化在主体性发挥乃至校园文化发展中的作用，从思想认识上还学生个性以应有的地位。

强化学生个性需要进一步增强学生主体的观念，充分调动他们的主观能动性，让他们通过积极主动的参与，获取知识，增长才干。只有让学生充分意识到自己在校园文化发展中的主体地位，才能更有效地激发他们的责任感，并让他们在品味自己的劳动成果、体验自己成功喜悦的基础上树立新的目标，在个性的完善中实现校园文化的发展。

当然，尽管个性的强化主要由学生自己在一个相对民主自由的环境中锻炼完成，但教师的指导也很重要。而由于每个学生在能力、兴趣爱好、思想、感情、心理等方面所体现的个性必然与其他人存在着这样或那样的差别，所以，教育者们在指导中必须有的放矢，根据每个学生的个性特点，有针对性地进行，并力争做到多样化，使学生自由选择自己满意的建议。而绝不能“胡子眉毛一把抓”或出现张冠李戴的错误，更不能发“行政命令”，搞“一刀切”，这样的指导非但于学生的个性发展无益，相反还会扼杀他们的个性，与主观愿望背道而驰。

积极主动性、创造性和个性不是独立存在的，它们相互联系，相互促进，统一于主体性之中，共同展示主体性的存在及其强大作用。在校园文化发展中，我们要全面培养、强化这三个方面，利用其整体组合功能，进一步稳固学生的主体地位，在校园文化和学生之间建立一个良性循环机制。

三、主体性原则的必要性

校园文化在发展过程中以学生为主体，并将主体性作为发展的重要原则，主要源于它对学生主体作用的需求。事实上，校园文化发展的时代要求和青年学生的特点也决定了我们以学生为主体，注重发挥学生主体性的客观必然性。

（一）可能性

校园文化的发展需要以学生为主体，发挥其主体性，青年学生具备作为主体的优势和条件，能够将必然性和可能性相统一。从校园群体的构成来看，教师和学生是两个主要部分，他们的地位和作用不可低估，特别是在校园文化建设方面，虽然它需要树立起全员共建的思想，但在实际生活中，师生在这方面的作用要比其他服务保障人员所发挥的作用大得多，而且两者形成了一个较明显的梯度。

当然，这里并没有轻视其他群体的意思，他们都是校园文化这台机器的一个要件，缺少任何一个部分，这台机器就不能正常运转。但校园师生在常见的校园文化活动中处于一个相对突出的地位却是一个不争的事实。而在教师和学生之间，单从数量上比，学生就占有较大的“优势”。

有关资料显示，近年来西方发达国家高校师生人数比例为 1 ∶ 10，我国这两者的比例差距虽然稍小，但学生数量仍是教师的数倍，而且随着高等教育的发展和高校人事制度改革的深入，这个比例差距有进一步拉大的趋势。也就是说，在校园文化发展所依靠的力量中，学生是重中之重，缺少学生的积极参与，单凭教师和其他人员的努力，根本无法营造出一种积极向上、生机勃勃的热烈气氛，校园文化的发展更是无从谈起。

另外，从青年学生的身心特点来看，学生具备了充当校园文化主体的条件。首先，他们年轻，这是学生的优势，也是他们的资本。其次，他们有较强的表现欲和交际需求，这使他们能积极主动地参与到校园文化活动之中。再次，青年学生大多具有开拓进取、冒险拼搏的精神，这也是校园文化创新发展的必要条件。最后，他们有发展校园文化的时间和精力，他们基本上没有成家立业，没有家庭琐事的牵绊，课余时间比较充裕，使他们能够在校园文化上投入大量的时间和精力。

事实证明，学生作为校园文化发展的主体，是必然性和可能性的统一，是校园人正确的历史选择。为此，我们要坚定不移地维护学生的主体地位，高度重视其主体作用，努力促成其主体性的发挥，在校园文化发展中坚持主体性原则。

（二）必然性

1. 学生所担负的历史责任要求

青年学生具有较高的科学文化知识水平和较好的人文修养，担负着祖国建设的重任。他们是祖国的未来和民族的希望，尤其是在目前全面建设小康社会和努力实现中华民族伟大复兴的征途中，忽视青年学生的作用，忽视学生主体性的发挥，这些任务就无法完成，目标就难以实现。

大学校园不仅需要青年学生留下一笔文化财富为后来的学生服务以保持校园文化发展的持续性，它也作为学校与社会的联结点，成为学生实现角色转变的“试验田”。这时候如果不以学生为主体，不仅校园文化的发展难以深入，青年学生所担负的历史责任也会因能力素质的水平不高而不能向祖国、向人民有个圆满的交代。

2. 教育观念的变化要求

一定的教育观念是与一定时期校园文化主体的认识相适应的。在“精英教育”思想影响下，人们往往只研究教师的作用，很少探讨学生在掌握知识、发展智能过程中的心理活动。只考虑教师活动的科学性、系统性和逻辑性，不在乎如何使学生学习轻松愉快，完全把学生看成是知识的容器，片面强调教师的权威，从而在校园文化发展中，过分突出教师的主体地位和主导作用，压抑贬低学生的地位及能动作用。

显然，这种状况与我国当前的教育大众化的趋势是不相适应的。随着社会的发展，教育观念也应逐步更新，如果我们继续抱残守缺，不仅会使学生失去信心，无法调动其积极性，连教师基本作用的发挥也会受到影响。

3. 时代发展的要求

当今的时代充满了竞争和挑战，社会已不再需要那些存放书本的“书库”，只有那些在德、智、体、美、劳等方面都得到正常的、健全的、和谐的发展，同时又能发展各自的性格、兴趣和才能的人才会被社会看重，才会更快地融入社会大家庭之中。而在教师主体观的笼罩下，符合时代发展要求的新型人才是难以大量形成的。校园文化以教育为核心，把培养现代化人才作为主要目的，因而也应以学生为主体。

第三节　国际化与民族化原则

一、国际化与民族化原则的必要性

中国的教育虽然有很长的历史传统，但我国现代意义上的大学，是在向西方学习的过程中产生的，然而它是深深植根于中国民族文化、教育传统的土壤中发展起来的。中国高等教育的这种发展历史和现实决定了高校校园文化建设民族化和国际化双重走向的实践逻辑。中国作为发展中国家，其高校校园文化建设必然存在着学习发达国家高校校园文化建设先进经验和文化成果的必要，遵循着高校校园文化发展的一般规律，但同时中国高校校园文化建设又必须从中国实际出发，着眼于民族性的特点，真正体现出中国风格和中国气派。

随着人类社会的发展和进步，经济全球化、政治多极化、信息网络化成为当今世界的一个显著特征。在这个开放的时代，在这个飞速发展和激烈竞争的时代，任何一个国家的经济建设和社会发展都不可能离开人类社会发展的文明大道。孤立意味着落后，封闭意味着死亡。

中国的经济建设需要面向世界，中国的高等教育也是这样。早在20世纪80年代，邓小平同志就提出“教育要面向现代化，面向世界，面向未来”的正确思想，这一思想是在科学判断我国国情和世界发展走势的基础上做出的重要选择。新时期，中国作为发展中国家，必须毫不动摇地融入全球一体化的历史进程中。

同样，高校校园文化建设也必须自觉地适应时代发展的要求，做到面向现代化，面向世界，面向未来。校园文化建设的优劣直接关系到人才培养的质量和水平。在开放的世界环境中，高校培养的人才要有世界眼光和战略思维，能够应对世界范围内各种竞争的挑战。因此，我国高校校园文化的建设理念要主动与世界接轨，大胆吸收发达国家高校校园文化建设的好经验、好做法。

同时，我们也必须清醒地认识到，中国几千年积淀下来的民族文化是我国高校校园文化建设的宝贵财富，也是当代大学生发展自己、提高素质的重要文化资源。在校园文化建设方面，我国高校要善于挖掘中国传统民族文化的精华，积极推进传统文化的现代化转化，培养大学生的民族自豪感和自信心，激发他们为国家富强和民族振兴而奋发读书的高尚情怀。

二、国际化与民族化原则的注意事项

国际化与民族化相结合已经成为当代社会文化建设中的普适性原则。在实

际的文化建设中，任何单方面的强化都不利于文化本身的健康发展。在校园文化建设中，高校需要坚持好国际化和民族化相统一的原则。从目前的实际来看，我国高校校园文化建设在坚持国际化和民族化相结合方面取得了很大的进展，但也存在着一些值得注意的问题。

（一）克服对西方经验的机械认同

高校校园文化建设应当向资本主义发达国家学习一切对我们有益的知识和文化，闭关自守、故步自封是愚蠢的。一段时间以来，我国高校校园文化建设在学习和借鉴西方经验方面取得了很大进步，但也存在着盲目性，存在着对西方高校校园文化的基本观念和基本方法机械地认同的现象。这应该引起我们的高度警惕。

因此，必须克服机械的文化认同，对西方高校校园文化进行批判地选择和借鉴。大学必须一方面学习西方大学的优良制度和成果，但另一方面，这种学习的目的是要加强中国人思想、学术、文化、教育的独立自主。

（二）克服全球化意识形态的腐蚀

面对全球化，要保持非常清醒的头脑。围绕着全球化的走向，存在着两种根本不同的努力方向：一种是试图以国际资本的力量，铲除一切差异性，包括各民族文化、教育上的差异性，以实现全球的单一化；与之相对抗的，则是主张各民族的文化既互相吸引，又保持相对的独立性，坚持差异性，以形成全球文化的多元互补的格局。我们需要坚持的是后一种立场和态度。

中国与世界发展趋势的接轨必须是建立在国家在未来竞争中自身利益的维护和发展的基础上的，必须考虑到民族文化的人文传统的传承发展和在全球性经济体制中的自身利益和民族意识。目前，虽然全球化是不可逆转的世界性潮流，但是，我们必须认识到全球化并没有超越民族、国家的界限，也不可能超越民族、国家的界限。

在全球化背景下，有些国家抛出淡化民族、国家界限的思想，将全球化作为一种意识形态来加以鼓吹。对此，我们需要提高警惕。我们必须认识到民族、国家仍然是国家发展的根基，不同民族、不同国家的利益仍然是决定其行为选择的根本指针。

在日益激烈的国际竞争中，能源、市场、人才的争夺将更加激烈。民族、国家的利益仍然是大家各自捍卫的核心主题。因此，校园文化建设中，高校要注意消除全球化意识形态话语的负面影响，坚定不移地建设有中国特色的社会主义文化，维护国家整体利益，使中华民族文化在世界竞争中发挥重要的作用。

（三）克服单向性的文化引进和借鉴

高校校园文化建设在坚持国际化与民族化相统一的过程中，不能只停留于单向性地学习和引进国外的文化成果。我们要在学习和引进的过程中不断地将中国特色、中国气质的高校校园文化精神推向世界，对世界范围内文化精神的发展发挥应有的积极作用，做到既要引进来，又要走出去。

在这一点上，我们要增强民族的自信心，充分认识到中华民族文化的伟大价值，从而在真正的文化交流与互动中实现我国高校校园文化建设健康、快速发展的目标。事实上，现在很多人已经意识到全球化是民族主义和世界主义的双向建构过程。在我国积极融入全球化潮流的过程中，我国的高校校园文化建设必须善于将民族性文化精神发扬光大，提高民族文化在世界文化中的影响力和吸引力，这也是提升国家地位的重要方式。

（四）克服文化吸收和借鉴上的片面性

当前，在学习和借鉴西方高校校园文化的过程中，确实存在着一些片面性的问题。譬如，在学习和参照西方高校校园文化时，一些高校过分看重少数发达国家校园文化建设的经验，甚至将学习西方简单地等同于学习美国。这种认识和做法显然是错误的。现代化不是西方化，现代化更不是美国化。

在人类走向现代文明的实践过程中，各国人民都创造了自己民族性的文化成果，为世界文化的繁荣和发展做出了重要的贡献。面向世界，就是要面向世界各国，学习一切反映现代高校校园文化建设的共同性和规律性的方法和原则，学习一切有利于我国校园文化建设的先进经验和做法。因此，在学习和借鉴西方校园文化建设经验的过程中，我们要克服片面性，善于面向世界各个国家，包括一些后发展中国家。

三、国际化与民族化原则的内容

国际化和民族化相结合是高校校园文化建设必须坚持的科学原则。新时期，坚持国际化和民族化相结合的原则要着重在内容和方法两个方面进行拓展，不断提高校园文化建设的档次和水平，增强校园文化对广大学生的影响力。

（一）坚持国际化和民族化相统一

高校校园文化建设总是围绕一定的目标而展开的。在今天开放、多元、现代的社会背景下，校园文化建设目标的选择和定位要体现民族性和世界性的有机统一。一方面，高校校园文化建设要立足国情，积极弘扬中华民族优秀文化传统，体现中华民族特有的精神气质。另一方面，高校校园文化建设又要放眼世界，抓住世界文化的发展潮流，批判地吸取一切有利于我国高校校园文化建设的成果。只有将这两方面统一起来，高校校园文化建设的目标和定位才是准确的、科学的，任何离开这种统一性而片面地夸大某一方面的做法都容易导致校园文化建设的重大失误。

新时期，我国高校校园文化建设要善于继承和弘扬民族传统文化的精华。中华民族在几千年的历史发展过程中创造了辉煌灿烂的思想文化，积累了非常宝贵的民族性文化资源。这种文化资源成为推动中华民族不断发展壮大走向现代化的强大凝聚力和向心力。在五千年的历史发展过程中，中华民族形成了以爱国主义为核心的团结统一、爱好和平、勤劳勇敢、自强不息的伟大民族精神。

在这种伟大民族精神的支撑下，中华民族在漫长的历史演变过程中，虽经历过无数次的磨难和曲折，但都能够在奋斗中不断崛起。这种伟大的民族精神是中华民族伟大复兴的强大动力，也是当代中国每个大学生勤奋学习、铸造品格的文化基础。

在校园文化建设中，高校要善于将伟大的民族精神作为重要内容，激发大学生的爱国热情，促使他们勤奋学习、刻苦钻研，为将来推动国家的繁荣和民族的振兴打下扎实的知识基础和能力基础。

同时，我们也要看到民族性传统文化的局限，善于对民族性文化进行科学的分析和选择，进行创造性的转化和弘扬。在五千年的历史发展过程中，传统文化塑造了中国人重道轻器、重义轻利、重德轻知的心理偏好，形成了迷恋传统、害怕创新的思维定式以及过分强调义务而忽视权利的价值选择。这些带有反现代化的文化是需要我们加以批判的。这也就是说，民族性文化不都是科学的和现代的，其中很多落后的文化恰恰是我国实现现代化的文化障碍。

同时，高校校园文化建设要学习和借鉴世界范围内各个国家高校校园文化建设的宝贵经验。校园文化作为一种特殊的文化形态，它有着自身发展的内在规律，这种规律往往是超越民族、国家界限的。这也正是校园文化建设可以进行相互学习和借鉴的客观性基础。

中国作为发展中国家，高等教育的发展在总体上也是处在后发展的状态。因此，学习和借鉴发达国家先进经验就成为必然的选择。在校园文化建设中，我们在保持民族性文化特点的前提下，必须善于学习和借鉴一切有利于我国校园文化建设的文化成果。

一般地说，西方校园文化注重学生的自主性、创新性、实践性精神的培养和塑造，这是我国校园文化建设中迫切需要学习的文化精神。但是，我们也必须看到教育作为上层建筑的一部分，它不可避免地带有很强的阶级性和民族性的文化特征。这种文化特征必然体现在校园文化实践中。

同时，西方高校校园文化中也存在着大量不利于社会和谐与稳定的文化精神。西方校园文化由于深受资产阶级抽象人性论、个人主义、享乐主义世界观和人生观的影响，其许多内容不仅庸俗且格调低下。例如，色情文化充斥校园，不关心政治，缺乏社会责任感，反文化性强，酗酒、吸毒等。因此，我国高校在学习西方国家校园文化建设经验的过程中，要善于选择和鉴别，进行批判性地吸收和转化，借鉴其积极的文化成果，并将之和民族性的文化精神进行有机融合，实现真正意义上的“洋为中用”。

（二）坚持国际化和民族化相结合

搞好高校校园文化建设，方法论问题至关重要。在这方面，我们也要坚持民族性和世界性相结合。在强调民族性时不要忘记世界性，在强调世界性时不要忘记民族性。在校园文化建设的方法选择上，我们必须要充分考虑到中国大学生在成长中逐步形成的民族性生活习惯、思维方式和价值观念，做到文化建设贴近大学生的生活实际、学习实际和心理实际，从而使校园文化建设具有亲和力和吸引力，最大限度地激发大学生参与各种校园文化活动的积极性，在活动中展示自己、发展自己，最终使校园文化在培养全面发展的人才、满足学生精神需求和引导社会文化等方面发挥良好的作用。

同时，在一个开放的世界环境当中，在中国逐渐融入世界文明大潮的过程中，我国的高校校园文化建设必须善于学习和借鉴发达国家校园文化建设中的先进经验和方法。从发达国家校园文化建设实践中，我们发现国外校园文化建设非常注重开发学生的自主创新意识，注重培养学生的独立自主精神，注重强化学生的实践操作能力，注重保护学生的个性精神，充分发挥学生的主体性作用。而这些都是我国高校校园文化建设相对薄弱的环节。

当然，在参照发达国家校园文化建设时，我们要善于选择和鉴别，尤其注意不可盲目地学习西方发达国家校园文化建设的特殊方法。因为，在目前民族国家仍然存在的世界背景下，高校校园文化的意识形态色彩还比较浓厚。如美国校园文化就具有明显的美国特色，这种文化受到美国意识形态的影响非常强烈。

同时，西方校园文化建设的方法也体现了西方国家民族性的特点，是在西方文化传统基础上逐渐形成的，有些在西方发挥很好作用的方法在中国却难以发挥出积极的效果。因此，在学习和借鉴西方校园文化建设经验的过程中，中国高校要考虑到自身民族性的文化特点。在方法选择上，自觉地做到既有一定的普遍性又适应有中国特色的社会主义先进文化的前进方向，使中国高校文化建设健康地发展。

第四节　全面性与重点性相结合原则

一、全面性与重点性相结合原则的实质

唯物辩证法认为，事物的联系是矛盾中的联系，矛盾各个方面的力量发展是不均衡的，有的处在关键性地位，发挥着核心作用，有的处在非关键性地位，发挥着辅助作用。因而，在解决矛盾时，既要注意全面性，又要把握侧重点，从而做到两点论和重点论的辩证统一。这种方法论原则是马克思主义哲学对客观事物运动变化根本规律的科学总结。

在校园文化建设中，坚持全面建设和重点推进相结合的原则实质上集中体现了唯物辩证法的基本精神，是坚持唯物辩证法的必然结果。高校校园文化是由各种要素构成的一个综合整体，每个要素之间相互作用、相互联系，每个要素在校园文化建设中都发挥着自己的独特作用，这就需要校园文化建设体现全面性的特征。

但是，在校园文化体系中，各个要素所处的地位和作用存在着巨大的差别，有主次之分和轻重之别，这就是说，在全面建设的过程中校园文化必须突出关键的、根本性的要素，通过主要矛盾的解决来带动次要矛盾的解决。只有坚持全面性和重点性的有机结合，在坚持全面性建设的基础上突出重点，在突出重点的同时又注重全面进步，校园文化建设才能不断健康、稳步地向前发展。

二、全面性与重点性相结合原则的内容

高校校园文化建设坚持全面性和重点性有机结合的科学原则，这是完全符合校园文化建设的客观实际的。新时期，高校校园文化建设坚持全面建设和重点推进相结合，不仅有利于高校校园文化全面、协调和可持续发展，而且有利于校园文化发挥好教育人、塑造人的重要功能。

（一）在校园文化建设实践中坚持全面建设

高校校园文化建设坚持全面建设和重点推进相结合的关键是要探索出具体的实践路径和方法，努力促使这种原则从抽象层面向实践层面转化，从而发挥好科学原则的实践指导作用。

1. 结合实际建设

全面建设和重点推进相结合是一个具体的历史的过程。一方面，要从时间维度上来合理地选择校园文化建设的主题；另一方面，要从空间维度上来确定校园文化建设的重点。也就是说，校园文化建设既要考虑到长期性、艰巨性和复杂性，又要考虑到不同层次和不同区域校园文化建设的实际情况。

全面性是总的原则和要求，但是重点性则是不断变化的。重点性在有些情况下表现为校园文化建设的难点和突破点。例如，当物质条件成为制约校园文化建设的主导因素时，校园文化建设就需要在硬件建设上加大投入，改善校园物质环境，为大学生的生活和学习提供安全、美化的环境；当软件条件成为制约校园文化建设的主导因素时，校园文化就需要在软件建设上下功夫，满足大学生的精神需求。

有的高校可能是物质文化建设得好一些，有的高校可能是精神文化建设得好一些，有的高校可能是活动文化组织得好一些。这就意味着高校校园文化建设在实际规划中，除了突出强调一般意义上的重点建设外，还需要根据各个学校自身的特点，确定本学校校园文化建设在一定时期的着力点和发展方向。

因此，坚持全面建设和重点推进相结合原则的落实要根据各个学校的具体情况而定，而绝不是一个僵死的教条。各个高校可以根据自己的历史传统、建设规模、专业特点等客观实际，科学判断和正确选择校园文化建设的具体路径和方式，突出自身的文化优势和特色，创造性地建设好校园文化。

2. 搞好统筹规划

任何一种形态的文化建设都是一个长期的过程，高校校园文化建设也不例外。校园文化建设是一个复杂的系统工程，客观上需要不断地进行建设。因此，搞好校园文化建设必须从战略高度进行认真规划和科学设计。高校要根据校园文化发展的客观实际，对各种文化资源进行认真的梳理，认真研究校园文化建设中存在的问题和矛盾，明确校园文化建设的发展方向。

这是坚持全面建设和重点推进相结合原则必须进行的前提性工作。通过科学而合理的规划，校园文化建设的实践运作就会有章可循，知道哪些方面是校园文化建设的重点，哪些方面是现在需要着手建设的，哪些方面是将来需要建设的。合理的规划可以充分利用好现有的各种文化资源，减少各种盲目性，实现校园文化建设有秩序地、可持续地向前发展。合理的规划也可以最大限度地避免校园文化建设中的主观随意性，避免在强调全面建设时忽视了重点建设，在突出重点文化建设时淡化了全面建设。科学的规划将有效地促进全面建设和重点推进的原则落实在校园文化建设的实践过程中，既尊重了校园文化建设的实际，又充分发挥了校园文化建设中的主观能动性。

3. 促进全面发展

校园文化建设的根本目的是服从于人才的培养和教育。坚持全面建设和重点推进相结合的科学原则要体现在人才培养的目标和模式中。新时期，社会发展对人才的要求比过去更高、更严格，社会要求学生尽可能地全面发展。

社会需要大学生具有广泛的适应性、鲜明的个性、强烈的创造性，不仅要有比较系统的文化知识积累，有健全的心理素质和道德品格，还要有很强的实践创新能力。因此，校园文化建设必须适应时代发展对人才培养的新挑战，在促进大学生全面发展的过程中，突出思想道德素质和实践创新能力的培养，从而不断造就出更多适合时代需要的有中国特色的社会主义事业的建设者和接班人。

高校校园文化建设要把思想道德教育作为重点内容贯穿始终，着力提高大学生的思想道德水平。思想道德素质教育在大学生成长过程中具有非常重要的作用，这种教育活动的开展不仅有利于大学生自身道德素质的提高，实现自我人格的健全和完善，也有利于校园文化环境的改善和社会整体道德水准的提高。

但是在很长时间里，在应试教育模式的影响下，学生的思想道德塑造和培育没有得到应有的重视。应试教育模式看重的是学生的应试能力和考试成绩，从升学到毕业无一例外地以考试结果为尺度。目前，应试教育的影响远没有根本消除。一些地方和一些人仍然只看重学生的学习成绩，而忽视学生的思想道德教育。

只要学习成绩好就是一切都好，这种“一俊遮百丑”的思维方式还大量存在。高校必须改变人才的培养模式和评价机制，从而避免人才的畸形发展。如果我们培养的人才只具有一定的文化知识而缺乏思想道德和审美情趣，缺乏对国家和社会的高度责任感与使命感，缺乏现代意义上的平等、自由、竞争与合作的精神，缺乏法律观念，那么，我们的人才培养就是失败的，我们的教育就是无效的。

一个没有一定道德素质的人，绝不可能是一个有益于人民的人。这样的学生走上工作岗位不仅不能对社会做出积极贡献，甚至还会危害社会。这种学生总是考虑自己的利益多，考虑别人、集体、国家、社会的利益少；或者总是考虑物质利益的多，考虑精神道义的少。每当在这些方面发生冲突时，他们总是站在极端个人主义的立场上，不能正确处理各种矛盾关系。

这样，不仅给他们自己带来危害，也给社会带来损失。在实践生活中，我们经常看到一些大学生沦为“经济动物”“科学奴隶”和“高智商的强盗”。一些人立场不坚定、品德不高尚，在现实生活的矛盾面前感到空虚和迷茫，经不起各种社会诱惑的考验，甚至会沦落为社会的罪人。

因此，高校校园文化建设一定要在改变传统思维模式上做出应有的努力，自觉地将大学生的思想道德教育作为各种校园文化活动的重要主题，在进行知识教育的同时，必须加强对学生的人格教育，将反映时代需要的道德精神内化到大学生的心灵深处，努力促进他们思想道德的健全和完善，使大学生成为适应时代发展的“四有”新人。有专家指出：“加强文化素质教育是当前大学教育的一种发展趋势。人们认识到一个人为社会成功地做出贡献和取得成就，主要不在于智力因素，而在于非智力因素。因此，从传统教育只注重知识传授，到注重能力培养，再到加强素质教育，这既是时代的要求，也是教育更接近其合理本质的转变。”近年来，大多数高等学校已经开始注重加强人文社会科学的教育，不断开设人文素养方面的文化知识讲座，丰富广大学生的人文素养，促进他们对真、善、美的不懈追求，使他们的道德素质和审美意识得到了提升。

与此同时，教育是知识创新、知识传播的重要阵地，应当培养出具有创新精神和创新能力的人才。在校园文化活动的内容选择上还要将各种实践能力的提高作为重点来抓，不断拓展大学生实践锻炼的空间，使他们在实践性的文化活动中增长才干。应该说，这也是新时期社会发展对大学生素质提出的新要求。

改革开放以后，中国逐步打破了传统的身份等级制度，逐渐开创了依靠能力和实力求发展的新时代。“以实力说话”“以实力求发展”成为大多数人认同的价值观念。以至于有学者将这样的时代界定为“能力本位”的时代。每个人的发展都要靠自己的后天作为，有为才有位，一切都在公平、公正的竞争中实现优胜劣汰。

目前，人才市场对大学生的要求逐渐从过去单纯地看重文凭、看重学历转变为看重素质、看重能力。世界银行在《中国与知识经济：把握21世纪》的报告中指出，在新经济中，学生们需要掌握的远远不止简单的读写、计算等基本技能，他们还需要掌握行为技能，例如批判地思考，有效地交流以及在团队之内开展工作等方面的能力。创造性、敢于承担风险、企业家精神以及电脑技能也将变得非常重要。其中最重要的是将知识灵活地运用到新的非同寻常的问题中去。

新的经济增长方式需要具有创新精神和创新能力的新型人才，这种现实的挑战不仅迫使大学教育模式发生变革，也迫使校园文化建设的内容和方法进行新的选择。校园文化建设必须围绕能力增强来展开，不断激发大学生的创造活力和实践热情，从而使广大学生不仅有丰富的知识积累，而且有很强的就业能力、创新能力和创业能力，真正成为社会主义现代化建设的有用人才。

4. 推动全员参与

高校校园文化不仅是大学生健康成长的需要，发展高校教育的需要，也是广大教育工作者的需要，好的校园文化成为生活、工作和学习于其中的所有人的精神食粮。生活、学习和工作在校园里的每个人都要积极地承担起校园文化建设的任务和职责。校园是我家，建设靠大家。学生是校园文化建设的主力军，校园文化建设需要重点激发广大学生的积极性和创造性。

同时，校园文化建设也要发挥广大教职工的积极性和能动性，努力形成人人参与校园文化建设的良好局面。只有人人都关心校园文化建设，人人都爱护校园文化环境，美好的校园文化才能真正成为现实。

（1）树立校园文化大家共同建设的思想观念

校园文化建设是一项复杂的工程，单靠某一部分人是远远不够的。美好的校园文化是一种公共资源，每个学习、工作和生活于校园中的人都能够享受到这种文化资源的价值。好的校园文化环境使人感到生活充实、快乐，精神愉悦、心情舒畅，给人一种家园般的亲切感和归属感，使人在校园文化中得到智慧上的启迪和精神上的享受。

每个生活、工作和学习于校园中的人都有责任为校园文化的建设和发展做出应有的贡献，在生活、工作和学习过程中自觉地维护好、实践好校园文化的建设。因此，每个人都要自觉地承担起校园文化建设相应的责任和义务，发挥自己的聪明才智，在建设美好校园文化中贡献自己的力量，并在校园文化建设活动中得到自我的发展和完善。

（2）形成以广大学生为主体的共同参与机制

健全校园文化建设机制是搞好校园文化建设的重要保证。校园文化建设要在树立全员共建意识的基础上，建立科学合理、运转协调的文化参与机制。通过科学机制的建立，使校园里的每个人以及每个组织机构不仅知道自己应该担负的责任和义务，并且知道参与校园文化建设的方式和途径。

好的机制使每个人以及每个部门都可以从自身的工作职能和工作性质出发，明确自己在校园文化建设中可以有所作为的职责和范围，从而实现校园文化建设齐抓共管、相互配合、相互促进的良好局面。在实践中，我们看到有些高校成立了多层次的校园文化建设领导小组，分门别类地指导校园文化建设。

如某高校建立了由学校党委领导，由团委和系党总支具体负责，由团总支、学生会、班委会、团支委组织实施的校园文化建设领导小组，使校园文化活动有计划、有组织、有步骤地开展。

好的机制可以激发人的积极性和创造性，使校园里的每个人，上到学校的领导、老师，下到每个学生，都积极参与到校园文化建设的实践中去，不断用自己的智慧和劳动创造大家共同享有的美好文化。只有这样，大家共同参与、共同建设，形成整体合力，校园文化建设才能健康稳步地向前迈进。

（二）高校校园文化建设需要全面推进

高校校园文化和社会文化相比似乎要单纯得多，而实际上校园文化系统的复杂程度一点也不比社会文化系统低。高校校园文化从建设主体上可以划分为教师系列和学生系列；从建设动力上可以划分为经济动力、政治动力、文化动力和社会动力；从建设的总体内容上看，可以分为硬件建设和软件建设，而且每一块都包含着丰富的内容。

有人将校园文化建设的内容划分为校园物质文化、校园制度文化、校园组织文化、校园行为文化以及校园精神文化等众多方面。也有人将校园文化建设的内容划分为校园政治文化、校园道德文化、校园法律文化、校园科技文化。可见，校园文化建设的内容是十分复杂的。在复杂的校园文化建设内容体系中，各个方面构成了相互联系、相互作用的关系，既有相互促进的一面，也存在着相互制约的一面。如校园物质文化建设和校园精神文化建设之间就有非常明显的相互促进和相互制约的关系。

一般而言，校园物质文化建设是校园文化建设的基础性内容，而校园精神文化建设是校园文化建设的核心和灵魂。离开一定的物质文化建设，离开校园物质环境的改善和各种文化设施的建造，校园精神文化建设就会因缺乏可靠的物质保证而得不到应有的发展。

反之，过分强调校园物质文化建设而忽视了校园精神文化建设，不仅难以真正发挥校园物质文化建设的积极作用，而且也容易偏离校园文化建设的根本宗旨和主导方向。因此，校园文化建设过程中，高校要从校园文化建设的复杂性实际出发，进行全面性推进，合理定位各种校园文化建设内容，使之形成相互促进、相辅相成的有机系统，共同繁荣和发展校园文化。

（三）高校校园文化建设需要突出重点

校园文化建设的内容是十分复杂的，在复杂的校园文化建设体系中，不同文化建设内容的地位和作用是不同的。有些是校园文化的核心要素和本质内容，诸如校园文化精神的打造、校园基础设施的完善、校园文化活动的开展等。这些主导性因素往往影响着整个校园文化建设的质量和水平。

因此，校园文化建设在强调全面性、系统性的同时，必须突出重点，抓住中心。同时，在一定的现实条件下，校园文化建设的资金投入、人力投入都是有限的，如何把有限的资源放在重要部位，最大限度地发挥效益，这就需要进行合理规划和科学选择，抓住重点内容展开建设。

一般而言，高校校园文化建设要把校园精神文化建设作为重中之重来抓。因为高校校园文化建设的根本目的说到底是促进人的全面发展，是为大学生的学习和生活创造良好的校园文化环境。这种目的就决定了校园文化建设要在精神层面为当代大学生提供良好的文化食粮，不断改造他们的思想观念。

特定的文化精神体现了校园文化建设的根本方向，是校园文化建设质量和品位的象征，它在根本上塑造着人的价值理想、人生态度、道德情操和精神境界。当前，在校园文化建设实践过程中，少数高校存在着重点选择不当的问题，集中表现在将校园物质文化建设作为首要的重点来抓，而没有将校园精神文化建设放在突出位置。

特别是近几年，高等院校在硬件建设上取得了长足的发展。诸如，大学校园面积急剧扩大，基础设施建设步伐加快，校园环境日益美化。而与此形成一定反差的则是，校园精神文化层面的建设显得相对落后。校园文化建设实践中，一定程度上出现了“一条腿长，一条腿短”的现象。在现代化校园中，我们会看到这样一些不和谐的现象：诸如学生打架斗殴、酗酒闹事、迷恋网吧、谈情说爱；诸如老师不思进取、工作敷衍了事、缺乏为人师表的精神品格等。

这些现象的存在很大程度上说明了校园精神文化层面建设的严重不足，这种不足严重影响了高校人才培养的质量和水平。因此，新时期，高校校园文化建设实践中突出重点具有很强的现实针对性，是对校园文化建设中现存问题进行认真反思和总结的必然选择。当然，在校园文化建设实践中，全面性和重点性的结合是一个动态的历史过程，不同高校要切实根据自身发展的条件和阶段，统筹规划，合理推进，从而实现校园文化的健康有序发展。

第三章 校园文化建设的理论构建

要使新时期高校校园文化建设顺利和有序地开展，我们就必须对高校校园文化建设进行理论的探索与理论的建构。在对高校校园文化建设进行理论探索与理论建构的过程中，我们首先要科学合理地界定高校校园文化，进而准确认识高校校园文化在高校教育与社会文化中的地位；其次，要挖掘和发挥高校校园文化的实践功能；最后，要确立和明确高校校园文化的目的指向和价值追求。本章具体对校园文化建设的理论构建进行了分析。

第一节 校园文化的理论定位

一、高校校园文化在高校教育中的地位

（一）高校校园文化是高校师生教学生活的重要组成部分

第一，高质量的校园物质文化可以提高教学效率，丰富师生的课外生活。作为大学校园文化的物质载体，设计合理的校园文化设施，可使教师的“教”与学生的“学”能够实现良性互动，从而提高教学效率；景色优美的校园环境，可使广大师生身心愉悦，在享受美好环境的同时，追求“真”和践行“善”。

第二，高校校园精神文化是广大高校师生所向往和追寻的精神家园。高校是高级知识分子密集的地方，是探询文化、彰显精神的地方，在这种氛围下，高校师生都十分注重对精神生活的追求，注重精神生活的质量。通过各种讲座以及论坛等形式，高校师生可以交流思想，这不仅可以让师生充实自我，调整自我，实现精神升华，还可以实现文化创新，促进校园文化发展。

第三，积极的校园文化活动是实现校园文化传播和交流的有效的形式，而校园制度文化保证了校园文化的有序实现。体育竞赛、作品展览、社会调查等生动活泼的文化活动形式，可以使高校师生接触社会生活，了解民情，增强身体素质，塑造良好品质，从而实现密切的思想交流；也可以传播和交流校园文化和大学精神，从而实现思想的升华和创新。

（二）高校校园文化交流是高校实现内部交流和对外交流的重要途径

高校必须通过各个层次的内部交流和对外交流来实现生存与发展。在这个新的时代，社会的各个部分、各个部门以及不同国家之间的联系更加紧密，高校也不能在完全封闭的状态下生存，必须通过高校与高校之间的交流和高校与社会之间的交流来求得发展。高校内部交流和对外交流的内容主要是文化科技的交流，其表现形式是多样的。

1. 通过文化艺术活动实现交流

通过文化艺术活动这种生动的形式，一些高校与其他高校和社会进行了积极的文化交流，这可能会引起很大的社会反响。近年来，一些高校艺术团体在国外的演出中取得了很好的成绩，如南京大学的民族乐团和交响乐团在美国、欧洲、东南亚的演出，引起了很大的社会轰动。

2. 通过科技文化活动实现交流

近些年，许多高校向社会进行的科技文化输出，就是高校校园文化在空间上的对外拓展。如一些"爱心社"在社会上组织的活动，就是将博爱的精神与服务社会的理念向社会的展现。这种校园文化活动不仅提高了学生的实践能力和思想意识，而且增强了社会对高校校园文化的认知，从而促使社会加大对高等教育的投入，实现高校与社会的双赢。

3. 通过高校间的学术交流活动实现交流

为了增强人文氛围，加快科研步伐，许多高校经常邀请一些国内外学者和专家来校访问或举办学术讲座，以实现学校、专家、学者和学生之间的文化交流，加快校园文化的传播和交流，进一步促进高校的长远发展。

（三）高校校园文化是高校教育发展的有机组成部分

1. 扩展专业知识，发展创新能力

今天的青年学生，是21世纪国家和民族的希望，是科教兴国战略得以实现的根本保证。他们是否具有扎实的知识基础和较强的创新能力，不仅关系到他们自身能否健康成长和发展完善，而且在很大程度上影响着我国能否实现民族振兴的任务。因此，我国的高等教育必须站在社会的、历史的高度，着力培养具有专门知识和创新能力的现代人才。

2. 增强学生体质，促进体育精神的发展

广大青年学生肩负着实现中华民族伟大复兴的历史重任，对于他们来说，

“身体是革命的本钱”。加强体育锻炼、形成体育锻炼的良好习惯，增强学生体质并促进体育精神的发展，不仅是高校培养德智体美劳全面发展的人才的根本要求，也是校园文化建设的基本内容和发展的重要目的。

3. 促进学生审美素质的发展

“美”能够引导“善”，“美”能够发现“真”，审美素质在人的发展中起着非常重要的作用，对大学生的健康心理，如坚毅力、忍耐力、反应力、联想力等的培养与提高都有独特的作用。而且，审美素质与大学生的创新意识的发展有着紧密的内在联系。我们所说的创新意识起源于人们对未知事物和现象的强烈好奇，也就是对于一切未知的问题、未知的领域和未知的事物，人们都会产生强烈的要去尝试的愿望。现在，人们已经普遍认识到，审美素质在诸多能力素质中所占据的重要位置及其对一个人生理、心理的发展能产生全面而积极的影响。因此，校园文化发展的一个重要目标应定位于审美素质的发展。

二、高校校园文化在社会文化中的地位

（一）高校校园文化是社会文化的重要组成部分

大学校园文化是社会文化的重要组成部分，是社会文化在大学校园中的体现，不能与社会文化完全分离。社会由各种有机体组成，是一个有机系统。作为社会体系的重要组成部分，无论大学有多独立、多有特色，都离不开社会的宏观环境。社会文化是在社会这个宏观环境中存在的文化形态的统称与总和，并在具体的社会领域、具体的社会团体和具体的社会成员身上体现为具体的、不同的文化形态，社会文化在高校所表现出的具有独特品格的文化形态就是高校校园文化。

社会文化对高校校园文化的影响具有两面性，即积极作用和消极作用共存。社会经济生活与社会政治生活的任何变动，都以社会文化的形式迅速反映出来，从而使得社会文化具有丰富性、多样性的特点。社会文化的丰富性和多样性为大学校园文化的发展提供了物质和原材料，也为大学校园文化的创新创造了前提条件。然而，大学生往往存在社会经验浅、缺乏分析现实问题和解决具体问题的能力等问题。当他们感到沮丧或看到社会的阴暗面时，他们可能会否认一切。然而，社会文化是复杂多样的，有一些颓废落后的形式和内容。这些颓废落后的形式和内容必将对校园文化的发展产生负面影响。例如，商业热在校园蔓延的重要原因之一是社会文化对商业热的盲目推广影响了大学生的观念和行

为。所以，高校校园文化作为一种亚文化形态，不可避免地会留下社会文化的痕迹和烙印。

（二）高校校园文化引领社会文化的发展

大学校园文化代表着社会文化的先进水平。从目的的角度来看，高等学校以传授先进的科学文化知识和培养适应社会主义现代化建设的合格人才为己任。因此，校园文化建设应着眼于未来社会的需要，将目光放在未来的社会发展领域。于是，培养目标的超前性和未来性，就赋予高校校园文化前瞻性和未来指向性的特点，这些特点则使高校校园文化成为社会文化中的先进层次，成为社会文化发展的“引领者”。

高校是社会文化的碰撞地和社会文化的创新地。首先，高校校园文化要遭遇、承接和吸收的文化形态就是中国传统文化。中国传统文化是中华民族在五千年的历史传承中所积累、沉积下来的各种物质财富和精神财富的总和，这其中包括价值观念、行为准则、技术知识、文化心理等方面。其次，在新时期，外来文化成为高校校园文化的另一大文化来源。外来文化指的是中国本土之外的文化形态，或者说是与中华民族文化的特质不一样的文化形态。不过，我们一般所指的外来文化是处于强势地位的西方文化。无论对于中国传统文化还是外来文化，我们在文化建设过程中都应坚持一个原则，那就是批判的吸收和积极的扬弃，而不能照搬全收。高校是传统文化和外来文化的碰撞地，是文化的传播基地和研究基地。在新时期，高校师生在积极吸收传统文化和外来文化的同时，应该主动改造其中的落后部分，抵制其中的腐朽部分，并在此基础上进行文化的创新，从而成为先进文化前进方向的引领者。

高校校园文化主要通过两种方式来实现对社会文化的引导辐射。第一种方式是，通过创造先进的文化成果来引导社会文化的发展，实现高校校园文化的辐射作用。报刊书籍、文体活动、公益活动等形式，能为人们所感受或触摸到。创造和创新这些外在形式，可以形成大学校园文化对社会的文化输出和文化辐射，可以形成良好的社会效果。第二种方式是，高校校园文化是一种无形的形式，但它是最基本的形式，通过人才的塑造和高素质人才的输出实现对社会文化的引导辐射。因为，人是社会发展之本，高素质人才也是进行社会文化改造之本，所以，只有通过高素质人才的输出，高校校园文化才能真正实现对社会文化的引导辐射。

第二节　校园文化的实践功能

一、约束调适

（一）约束功能

校园文化的约束功能是指利用舆论、制度等手段来规范人们的行为，防止不良行为的发生。通过各种文化活动，教师、学生和员工逐渐被引导到学校文化目标所确定的方向上，使他们能够在确定的目标下从事各种校园文化活动。

文化既具有包容性也具有排斥性，即包容相同或相近的文化，排斥不同质的文化。学校教育的职能决定了校园文化具有较强的思想性和科学性要求。校园文化与学校教育组织相伴相生，生活在更高的社会文化中。就包容性而言，校园文化能够吸收所有反映社会发展的先进文化，从而不断提高其文化品位。就排斥性而言，它的排斥性非常明显，表现在抑制坏的思想和行为，并促使它向好的方向转变。

校园文化的运作不仅要完成其目标、方向和发展措施的宣传、解释和实施，还要完成与既定目标相违背的观念和行为的转变、改变和压制。前者表现为校园文化的向心力、凝聚力，后者则表现为校园文化的约束力。人们熟悉的思想政治教育着重解决的是人们的思想认识问题，但人们的思想是通过言行来表现的，而且问题的解决终究要体现在人们的行为上；思想政治教育的实施需要多种条件，其中，严格的纪律和完善的制度是基本前提，同时要向人们的行为提出明确的要求。

例如，近年来，“新读书无用论”和考试作弊成为校园内屡禁不止的顽症。还出现了所谓的“分不在高，六十就行；学不在深，作弊就灵”的谬论，有些学生甚至将学校一再强调考试纪律戏称为“兵不厌诈”。原因何在？有人称，问题在纪律不严；有人说是制度上有漏洞……其实都不是，至少不仅仅是。问题的症结在于纪律监管和制度执行的背景和氛围，在于那些监管纪律和执行制度的人是在怎么“导向”。如果制度形同虚设或者就是为了虚设，那么，好人不香，坏人不臭，老实人难做，遵纪守法吃亏这一类现象就必然司空见惯。

又如，爱国、爱乡、爱校是中小学思想道德教育的重要基础和核心内容，而爱国、爱乡、爱校应当从爱校做起。如何才能使学生形成爱校的情感？显然，要使学生形成爱校的情感需要“晓之以理”，但仅仅靠“晓之以理”肯定不够。主要靠什么？靠对学生的至诚关爱，靠学校的光荣历史和优良传统，靠无时不有、无处不在的春风化雨、润物无声的引导和感化。可见，缺乏导向、约束功能的校园文化是无法发挥教育作用的。

校园文化约束功能实现的内在机制是校园群体和个人在文化活动中的同化和适应。校园文化作为一种群体文化，不仅反映了社会对校园文化主体的期望，也不同程度地反映了校园文化主体的共同愿望。校园文化存在和发展的前提是能够不断吸收各种个体文化，并将其融入自身的结构体系。同时，每一个校园文化主体都必须顺应这种群体文化素质状态，不断调整自己的思想和行为以适应校园文化环境，缩小个人目标和群体目标之间的距离，在校园中顺利生存和发展。

校园文化主要以有形和无形的形式限制人们的行为。有形的形式主要是管理规章制度。管理制度是指学校制定的各级行为准则的总和。它可以抑制人们的错误行为，促进它们转变为正确的行为。当正确的行为成为习惯后，外部约束功能将被内化为一种有意识的需求。有形的制度约束是一种“硬约束”。无形的形式主要是校园舆论。校园舆论是指以学校杂志、广播电台、有线电视台等舆论工具为主导的校园舆论和主流道德评价。这种舆论通过有针对性的宣传教育，帮助人们分清是非，分辨善与恶，从而成为制约人们行为的重要力量。无形的舆论约束是一种“软约束”。校园文化对师生员工行为的约束功能即所谓约束，主要是通过“软约束”的形式进行的，“硬约束”主要是作为一种管理行为，作为校园文化“软约束”的背景发挥作用的。在校园文化的约束功能发挥中，制度是“指示器”，校园舆论是“调节器”。

校园文化规定的个体目标形式在不同的条件下物化为各种类型的文化活动，直接、有目的、有步骤地制约着个体文化的发展。就空间而言，不同类型的学校为个人提供不同的发展方向。即使是著名的北京大学和清华大学，受不同校园文化的影响，也有差异极大的个人思想、文化气质和行为模式。在发展层面，不同层次和类型的学校形成的文化氛围对个人发展的影响更为重要。小学和中学、重点大学和非重点大学对校园师生员工的生活导向和行为约束的影响的不同也就不言而喻了。

应当指出，校园文化约束功能的实现也是有条件的。由于校园个体文化和群体文化的同化和适应是一个互动的过程，校园文化不能涵盖个体文化的各个方面，也不能完成对所有个体文化的同化和制约。要发挥制约教育的作用，学校必须加强制度文化建设，建立健全科学的、可操作的规章制度，并将其落实到师生的现实生活中。校园文化建设必须坚持正确的舆论导向，努力营造有利于制约教育的软环境。我国现阶段中小学校园文化的约束功能，集中体现在校园文化的发展必须与培养德智体美劳全面发展的社会主义事业的建设者和接班人这一教育目的相一致。凡是符合这一教育目的的文化都将被吸收到校园文化的系统中来，否则将被排斥和剔除。明确的约束功能是校园文化最明显、最基本的特征之一。

（二）调适功能

所谓调适功能，是指健康向上的校园文化通过为高校师生提供外部环境，使他们形成良好的心理素质、和谐的人际关系和较强的适应性，从而保证高校师生正常工作、高效学习、幸福生活和健康成长的功能。一般而言，高校校园文化的调适功能，体现在高校校园文化对高校师生的心理调适、人际调适和教育调适等方面。

1. 高校校园文化对高校师生具有心理调适的功能

孔子对他的学生子贡讲道："张而不弛，文武不能也；弛而不张，文武弗为也；一张一弛，文武之道也。"广大高校师生在学习、工作、生活中，必须要做到有张有弛，因为只有这样，他们才能高效率地工作与学习，放松自我，保持身心的健康。作为一种意识形态和群体意识，校园文化通过特定的人文环境的熏陶、渗透和升华，将其长期培养和积淀的专业精神与传统作风，形成该环境中人们共同的观念追求、价值标准、行为规范，从而不断作用于校园文化主体，实现对高校师生心理调适的目标。

2. 高校校园文化对高校师生具有人际调适的功能

高校校园文化的人际调适功能，对于高校学生的健康发展尤为重要。在各种社团活动中，来自不同背景和具有不同知识结构的同学，可以进行知识的互补、情感的交流和心灵的沟通，这就会锻炼他们的人往交往能力和组织协调能力，增加他们接触和了解社会的机会。可见，通过发挥校园文化的调适功能，高校学生可以形成良好健康的人际关系，进行积极的文化、信息和情感交流，相互鼓励和促进，实现共同全面发展。

3. 高校校园文化对高校师生具有教育调适的功能

社会主义现代化建设的快速发展，要求高校培养的人才既具备扎实的基础知识与基本能力，又能够顺应时代和具有前瞻性。在新时期，仅仅依靠有限的课堂教学是无法完成这项教育任务的。高校校园文化的教育调适功能，能够为教师提供教书育人的"第二课堂"，也能够为学生提供增长才能的广阔天地。因此，通过积极开展高校校园文化活动，学生的知识面得以扩大，课堂专业知识得以巩固和加深，运用知识的能力和实践能力得以锻炼，各方面潜能得以开发；同时，教师的教育空间得以拓展，教育的育人效果得以提高，从而有助于培养德智体美劳全面发展的人才和适应时代发展的新型人才。

二、导向激励

（一）导向功能

1. 高校校园文化对高校师生的价值观念具有导向作用

教师最重要的职责就是教书育人，这种职责无疑对高校教师提出了两项要求：一是要拥有广博的高深的科学文化知识；二是要具有良好的道德品质和价值观念。没有广博的高深的科学文化知识，就无法进行“授业”，更谈不上为学生“解惑”；没有良好的道德品质和价值观念，高校教师就会敷衍了事、无心教学，也就无法育人，更谈不上为教育献身。孔子曰：“夫仁者，己欲立而立人，己欲达而达人。”可见，为了担负起教书育人的职责，为了塑造学生的高尚品质，高校教师必须首先确立崇高的道德观念和价值理想。由于高校教师的教学活动是在高校校园的文化氛围中完成的，在良好的高校校园文化的耳濡目染下，高校教师将会感受到作为“人类灵魂的工程师”的伟大之所在，将会体悟到大学精神的真谛之所系，进而会使他们确立和稳固崇高的道德观念和价值理想。

2. 高校校园文化对高校师生的行为目标具有导向作用

高校校园文化对高校学生行为目标的导向作用，主要通过两个途径来实现。

第一个途径是制定高校的规章制度。有句古话叫作“无以规矩，不能成方圆”，其寓意是指无论处于何种角色何种地位的人，都要遵守一定的行为规范和符合一般的社会道德要求，否则就无法得到社会的认可，也就无法成才。高校学生也不例外，也要依规矩而行，即要遵守高校学生的道德规范和行为准则。《高等学校学生行为准则》明确要求，高校学生要“志存高远，坚定信念；热爱祖国，服务人民；勤奋学习，自强不息；遵纪守法，弘扬正气；诚实守信，严于律己；明礼修身，团结友爱；勤俭节约，艰苦奋斗；强健体魄，热爱生活”。这些行为规范倡导了积极的道德要求和价值理想，规定了学生的价值追求和行为准则，已渗透到高校校园文化建设的方方面面，成为高校校园精神文化的组成部分。由此可见，积极的高校校园文化对高校学生的行为取向具有规范和导向作用。

第二个途径是加强对学生需要的引导。马斯洛的"需要层次理论"指出，人有五个层次的基本需要，即生理的需要、安全的需要、归属与爱的需要、尊重的需要和自我实现的需要。高校校园物质文化的丰富，积极大学精神的倡导，高校文化管理制度的完善，以及高校校园文化活动的开展，为高校学生的多层次需要提供了良好的外部条件。这些良好的外部条件会使学生逐步认同"提倡节俭、反对浪费，明礼修身、团结友爱、志存高远、服务人民"等健康的积极的需要，使他们反对低俗，追求超越。

3. 高校校园文化对高校师生的生活方式具有导向作用

现代人生活方式的差异，主要体现在消费方式和休闲方式的差异上。大学校园文化反对奢侈消费和过度消费，倡导理性消费和休闲消费。这种健康的消费观念和消费方式将影响大多数高校师生的消费观念和消费行为，使他们的生活方式呈现积极健康的面貌。

4. 高校校园文化对高校师生的人格建构具有导向作用

大思想家孔子在谈到自己的道德修养、人格塑造过程时，指出："吾十有五而志于学，三十而立，四十而不惑，五十而知天命，六十而耳顺，七十而从心所欲，不逾矩。"可见，健全人格的塑造、确立和完善贯穿于人生的全过程。在人际交往、知识获取、社会实践和心理调适等过程中，在社会、家庭、学校和个人等因素的共同作用下，高校师生能够塑造、确立和完善自己的人格。

（二）激励功能

校园文化的激励功能是指校园文化不仅能在一定程度上满足学生的合理需要，而且能及时设定一定的目标，激发学生的行为热情。激励的目的是增强校园人工作和学习的动力，调动他们的积极性、主动性和创造性，保持学校成员的进取精神。需要刺激力量。动机导致行为，行为指向目标。因此，激励实际上是一个需要解决的问题。所以，要发挥校园文化的激励功能，首先，要满足校园主体的需要，这一需要突出表现为主体对精神文化的渴求。其次，要设置适当的目标，良好的目标本身就是一种巨大的鼓舞人心的力量。最后，要适时激发动机。校园文化能够在合理满足主体需要的基础上，形成一定的文化诱因，促使他们产生并维持积极的行动动机。

三、继承创新

（一）继承功能

继承功能是大学校园文化的基本功能。正是对现有文化的继承，赋予了大学校园文化以历史传统和深厚的底蕴，形成了自己独特的个性。可见，大学校园文化的继承功能，一方面保证了优秀校园文化的传承和大学师生对校园文化的价值认同和理想追求；另一方面，它也促进了大学校园文化的创新和发展，保证了大学校园文化建设的新视野。

（二）创新功能

创新功能是校园文化基本特征的逻辑结果。这意味着校园文化的主体能够在对历史文化和现实文化进行评价的基础上，借助旺盛的创造力，顺利地改造校园文化，实现质的飞跃。大学校园里展示着各种历史文化和现实文化，它们相互冲突、相互渗透、相互融合，最后，它们在校园文化中找到了立足点。校园文化的主体吸收特色复合文化，激发旺盛的创作热情，不断孕育新的思想、理论和精神食粮，呈现新的文化规范和模式，将具有特定文化特征的人输送到社会，产生一定的物质文化成果。因此，我们必须摆脱校园文化建设只是简单的思想文化建设的狭隘观念，充分发挥校园文化的物质创造功能，加快精神生产与物质生产的结合。

四、凝聚辐射

（一）凝聚功能

校园文化的凝聚功能，是指校园文化能促使校园内师生员工形成一种合力的功能。校园文化的凝聚功能主要体现在校园精神文化中，校园精神文化是校园文化的灵魂和核心，它主导着校园文化的发展方向和具体形式，定义了校园文化最基本的东西。学校之间的校园文化差异主要是校园精神的差异。校园精神最深的部分是校园人共享的价值观，它对师生员工的心理状态和行为起着决定性的作用。

校园精神作为一种被师生员工创造和认可的价值，具有无形的、不可估量的魅力和凝聚力。理解和体验共同的理想、价值观、道德情感和行为准则，将使生活在同一所学校的人们彼此有强烈的认同感，然后在校园里升华为强烈的归属感、责任感和荣誉感，从而将师生员工紧密联系在一起。

校园文化建设的理想目标是形成内外兼修的精神风貌。良好的校园文化环境使人们在校园生活时处处感受到老师的爱和集体的温暖。在同学之中，每个人都是团结、友好、鼓励和互相关心的；在老师和学生之间，学生尊重老师，老师爱学生。难道这种气氛不能让每个人都感到轻松，并产生一种鼓舞人心的力量吗？将来，当走出校园时，老师和学生将为曾是这所学校的一员而自豪，并将努力维护母校的声誉并为之赢得荣誉。一旦这种凝聚力形成，它将具有强大的吸引力，并团结师生员工为学校的发展而奋斗。

（二）辐射功能

1. 高校师生的辐射功能

高校校园文化凝聚功能的实现，主要通过高校校园文化的主体——高校师生来完成，这里的高校师生既包括在校师生，也包括已走出校门的广大学生。首先，以高校师生为承载对象，高校校园文化可辐射到广大师生的家人、亲戚和朋友。从进入大学的那天起，学生们开始逐渐了解学校历史、规章制度、名人逸事等。参观学校的科学实验室、人文研究中心等，听各种人文讲座，参加各种校园文化活动，参与师生交流，都使大学生受到校园文化的熏陶，成为烙上校园文化痕迹的“校园人”。在校园文化熏陶下的“校园人”，一方面，在吸收丰富文化积淀的基础上，使校园文化不断发展创新，展现出新的活力和生机；另一方面，他们将校园文化的各个方面传递给亲朋好友，从而使校园文化辐射到社会的各个层面，产生良好的社会效果。作为大学校园文化的建设者和传播者之一，高校教师常年置身于校园之中，对校园文化的理解更加深刻，会以更加积极的姿态和方式进行校园文化建设和校园文化传播，会以讲学、著书等形式向社会传播校园文化，来实现校园文化对社会的辐射功能。

2. 高校校园文化载体的辐射功能

高校校园文化不能凭空产生和存在，而必须依靠校园文化的载体来产生、存在和传播。新时期，大学校园文化的载体包括大学校园文化环境、大学校园文化交流场所、大学校园网络、大学校园文化活动和大学校园文化成果。这些大学校园文化载体具有非常重要的功能，即能够实现大学校园文化的外部辐射功能。

（1）美丽而有教育意义的校园文化环境具有文化辐射的功能

由丰富多样的自然景观和人文景观等装饰而成的校园不仅是教学和科研的地方，也是放松身心和陶冶情操的地方。当人们漫步在一个具有丰富文化氛围和教育意义的美丽校园里，他们会受到它的影响和感染，从而实际上暴露在大学校园的文化辐射之下。

（2）先进的文化交流场所具有对外辐射功能

图书馆藏书的数量和质量以及实验室的设备的先进程度，直接关系到大学的教学和科研水平，也直接影响到大学校园的文化氛围。特别是随着高校社会化进程的逐步加快，这些文化交流场所逐渐对外开放，从而大大加快了高校校园文化对外辐射的过程。

（3）校园文化通过校园网络和校园文化活动向社会辐射

随着科学技术的日新月异，网络大大加快了文化的传播速度并拓宽了文化的传播领域。高校校园网络的建设与发展，特别是学校网络交流平台的逐步建立和完善，使高校校园文化的对外辐射变得更加快捷，使得校外人对高校校园文化的了解也更加迅速。

（4）高校校园文化通过校园文化成果实现对外辐射功能

高校校园文化不仅以校园建筑、文化活动和网络传播的形式出现，而且以校园文化成果的形式出现。这里所说的校园文化成果主要包括校园内的各种文化出版物以及国外出版的文化出版物。它们不仅反映了高校师生的思想作风和精神成就，也成为实现校园文化对外辐射的重要载体。

3. 高校校园精神文化的辐射功能

高校校园精神文化主要通过大学精神、校风、教风和学风，来实现高校校园文化对外辐射功能。

一方面，大学精神对社会具有辐射作用，并能够引起社会的反映和发展变化。随时代的进步而不断进行内涵更新的大学精神是高校校园精神文化最重要的组成部分。高校的职责和使命也愈发重大和崇高，成为当代社会发展的有力“推动器”和科技创新的“孵化器”以及社会发展的“领跑者”。当代高校作用和地位的凸显，使随时代更新的大学精神迅速向社会辐射，进而引领社会的调整、变革和发展。

另一方面，校风、教风和学风也有辐射效应。良好的校风、教风和学风是高校师生高尚道德品质和精神风貌的体现。它们是无形的潜在教育和辐射力量。它们可以激发校外群众对文化知识的向往和追求。它们可以形成积极向上的集体舆论方向，从而引导整个社会形成共同学习和终身学习的良好氛围。

第三节 校园文化的目的指向

一、着眼于校园文化理论研究的可持续发展

高校校园文化是持续发展的。不断发展的实践必定呼唤不断创新的理论与之相呼应。因此，21世纪的校园文化理论研究不仅要着眼于研究内容、研究方法上的创新与发展，以及若干理论问题的求解和理论体系的迅速建立，更要着眼于理论与理论研究的可持续发展，不断地、及时地回答校园文化建设实践所提出的新问题。

为保持校园文化理论研究的可持续发展，首先需要中央及各地政府部门加大对校园文化理论研究的扶持力度，这实际上也是高校校园文化建设实践的迫切需要。就高校校园文化建设的实践来看，现在就有一些基本问题需要通过研究来回答。

比如，校园文化与社会文化之间的关系问题；校园文化有辐射作用，应该如何对社会文化的进步起到积极的作用的问题；而且在开放的环境下，高校校园文化还面临如何抵制社会上消极文化现象的不良影响的问题。

又比如，计算机网络发展，网络文化对校园文化特别是对青年学生带来了不少消极的影响，这是毫无疑问的。在这种情况下，校园文化如何巩固自己的阵地并且去占领网络文化的阵地，有不少理论问题和技术问题需要研究。还有，校园文化的合理定位的问题，范围究竟有多宽？究竟有哪些功能？与学校教学、素质教育、学校德育之间究竟是什么关系？由于我们对这些问题并没有真正搞清楚，因此就影响到在学校内部如何理顺关系的问题，如何相互配合的问题。因此，从推进校园文化建设健康发展这一角度出发，现在更应该加大对校园文化特别是高校校园文化理论研究的扶持力度。

二、重视社会主义核心价值观的引领作用

西方文化思想的冲击和传播使得高校主流校园文化的建设和发展面临着十分严峻的形势。能否坚持社会主义核心价值体系的主导地位和社会主义先进文化的发展方向，关系到我国高校的社会主义办学方向，这是一个必须明确认识的问题。校园文化是大学发展和社会责任的文化载体。校园文化建设是社会主义精神文明建设的重要组成部分，在高校思想教育中发挥着重要作用。

我国高校是社会主义性质的高校，必须坚持社会主义的办学方向，以社会主义核心价值体系为引领，以贯彻建设有中国特色的社会主义的路线、方针

和政策为内在要求，积极弘扬以社会主义、爱国主义和集体主义为核心的主旋律，服从并服务于建构社会主义和谐社会的伟大战略目标。首先要做到把握“灵魂”，就是始终坚持马克思主义在意识形态领域的主导地位。在“坚持什么方向”“高举什么旗帜”的问题上始终保持清醒的头脑。然后要做到把握“核心”，就是培养和造就社会主义事业合格建设者和接班人。社会主义核心价值体系是社会主义意识形态的主体，对推进高校校园文化建设具有十分重要的指导意义。

校园文化的核心价值观是校园文化的内在精神和生命之魂，在校园文化建设中具有引导作用。建设校园文化，高校要时刻把握正确的政治方向和价值导向，深入研究如何使先进文化、主流意识形态在包容中引领校园文化。牢牢把握社会主义核心价值体系，大力弘扬社会主义核心价值体系，提炼校风核心价值，提升校园文化的内涵，充分发挥校园文化的创造力，不断丰富校园文化的内涵。用社会主义核心价值体系来引导校园文化建设，并渗透到高校校园文化建设的各个方面，以扩大社会主义核心价值体系的辐射面。一方面要充分发挥大学生的积极性、主动性和创造性，以发展的眼光关注各种文化动态，寻求先进校园文化的构建渠道，努力成为高雅文化的生产者、欣赏者和传播者。另一方面要积极提倡和鼓励大学生深入基层、深入工农群众，把先进高雅的大学文化传播出去，同时又要体会、发现、挖掘群众文化中有益的东西来丰富大学文化的内涵，摒弃和抵制各种低俗文化、腐朽文化、粗俗文化。

三、促进高校学生的全面发展

大学生全面发展旨在培养大学生坚持正确的政治方向，提高服务社会的能力，坚持走群众路线，树立团队合作意识，培养自强自立的社会责任感。大学生是构建社会主义和谐社会的重要组成部分，其科学文化素质、思想道德状况、人文精神和创新能力以及大学生与社会现实的互动关系，将成为衡量社会和谐的标准。大学生是祖国的未来和希望，国家未来的和平与发展掌握在大学生的手上。齐心协力建设一个富足美好的明天的关键在于：明确当代大学生使命，使其从总体上看清楚时代发展方向，确立自己的奋斗标杆，积极投身时代潮流，不断激励自我取得成功，并由此及彼，由点到面，由弱至强，逐渐推动人类社会取得健康、文明、和谐、科学、系统的进步。高校校园文化最核心的目的指向就是塑造高素质的人才，因而高校校园文化利用自己在塑造人才方面的优势，通过多种渠道实现学生的全面发展。

（一）高校校园文化最核心的目的指向是塑造高素质的人才

德智体美劳教育是青少年健康成长的重要因素，缺一不可。大学生在德智体美劳教育过程中要努力学习科学文化知识，掌握专业技能或本领；增强社会责任感，认清当代大学生的历史使命，立志成才；将自己融入不断进步、充满活力的社会，使自己成为适合当代经济社会发展所需要的复合型人才。大学生应该以与时俱进的态度和勇于创新的精神投入到研究领域，争取成为适合当代社会发展的创新型人才。通过创新解决前进过程中出现的矛盾和问题，通过创新保持社会的活力，通过创新实现社会的不断发展和文明的不断进步。我们知道，德智体美劳教育的目的就是提升大学生自身的素质，使其拥有更高的思想认知能力，利于创新思维和创造力的培养。高等教育的核心任务决定了高校校园文化建设的目的指向，对新时期高校校园文化建设的主要任务做出了以下四个方面的规定。

①以理想信念教育为核心，进行深入教育，树立正确的世界观、人生观和价值观。以爱国主义教育为重点，深入弘扬和培育民族精神；在基本道德标准的基础上，深入开展公民道德教育；以大学生的全面发展为目标，深入开展素质教育。

②重视和加强校风建设，培育良好的教风和学风，形成对教职工具有凝聚作用、对学生具有陶冶作用、对社会具有示范作用的优良校风。

③积极开展校园文化活动，使德育、智育、体育、美育、劳动精神有机结合，教育与文化活动相结合，促进大学生思想道德素质、科学文化素质和身体素质的协调发展。

④加强校园人文环境和自然环境建设，建造精神内涵丰富的物质文化环境，努力营造良好的育人氛围。可见，高校校园文化建设最主要目的就是把高校学生塑造成为德、智、体、美、劳全面发展的人才。

（二）高校校园文化在塑造人才方面具有自己的明显优势

1. 高校校园文化的多样性和多层次性适应了学生多方面的文化需求

从组织单位和发生场所来看，高校校园文化包括系科文化、班级文化、寝室文化和食堂文化等；从应用结构来看，高校校园文化包括智能型知识文化、素质型心理文化、情感型审美文化、协同型问题文化和技术型物质文化等；从层次来看，高校校园文化则包括高雅文化、休闲文化等。

高校校园文化的多样性和多层次性，一方面为广大学生提供了一个自我展示、自我提高和自我发展的广阔空间，另一方面又为高校学生实践志趣、爱好创新的培养开辟了新领域。这两方面的功能扩大了学生的知识面，锻炼了他们运用知识的能力，完善了他们的道德人格，提高了他们的审美情趣，增强了他们的身体素质，健全了他们的心理素质。可见，丰富多样、多层次的高校校园文化，满足了广大高校学生多方面的文化需求，大大促进了他们的健康成长。

2. 高校校园文化对高校学生的发展具有积极的引导作用

高校校园文化是社会主义先进文化的重要组成部分，符合社会文化的发展方向，必然会对广大学生产生积极的影响。晋代文学家和哲学家傅玄在《太子少傅箴》一文中，讲到“近朱者赤，近墨者黑”。这句话是说，一个人生活在好的环境里，能受到好的影响；生活在坏的环境里，也能受到坏的影响。在“孟母三迁”的故事里，为了少年孟轲的成长，孟母三次择邻，并获得了成功，从而部分印证了“近朱者赤，近墨者黑”的正确性。在新时期的高校校园中，“志存高远、爱国敬业，为人师表、教书育人，严谨笃学、与时俱进”的优良教风被积极倡导，“勤于学习、奋发向上、诚实守信、敢于创新”的良好学风被积极发扬，“昂扬向上、蓬勃进取、自强不息、不畏艰难、开拓创新”的崇高精神被积极弘扬。在这样一个唱响主旋律的环境中生活、学习，高校学生就会“近朱者赤”，成为有文化、有道德、有理想、有纪律的社会主义建设者和接班人。

3. 高校校园文化的人才塑造方式适应了时代的发展

与其他人才塑造方式相比，高校校园文化具有灵活性、非强制性的优点。现在社会上存在许多人才培训学校、基地，但其大多是通过灌输的方式进行人才培养的，带有明显的单一性、一维性和强制性，难以使学员形成积极的价值认同感。即使在高校的课堂教学过程中，教学形式较为单调，教学内容较为固定的情况仍然普遍存在。这种灌输式的单一的培养方式缺乏灵活性，带有一定的强制性，从而影响了高校的育人效果。与课堂教学相比，高校校园文化的表现形式多样，产生影响的途径不同，并且多以潜移默化的方式来影响学生，更容易为学生接受，更容易使学生形成共同的价值认同和社会责任感，具有很大的灵活性。

（三）高校校园文化通过多种渠道实现学生的全面发展

高校校园文化始终处在社会文化的前沿，为社会主义现代化建设培养全面发展的人才是其最重要职责。为实现这种职责，高校校园文化主要通过四种渠道来运作。

1. 强化高校学生的专业知识，培养他们的创新能力

“科教兴国”是实现国家强盛和民族复兴的长远战略。作为21世纪国家和民族的希望，高校学生只有具有扎实的知识基础和较强的创新能力，才能担当起这个神圣的历史使命，实现国家强盛和民族复兴。所以在新时期，高校必须站在历史的高度，着眼于国家和社会的长远发展，着力培养具有扎实的专业知识和较强创新能力的新时代人才。

2. 促进高校学生良好道德素质的培育和良好道德品质的形成

良好道德素质的培育和良好道德品质的形成，对于高校学生的自身完善、社会的进步、国家的强盛和民族的复兴都具有重要的战略意义。高校校园文化可以通过对主旋律的积极倡导，促进高校学生良好道德素质的培育和良好道德品质的形成，发挥重要思想文化阵地的作用，从而使高校道德建设实现跨越式发展。

3. 促进高校学生体质的增强和对体育精神的领悟

作为高校校园文化的一项重要内容，体育课程、体育活动的顺利开展，体育精神的大力提倡，能够增强高校学生的体质，为学生正常的学习和生活打下了坚实的基础，进而为我国社会主义现代化建设和中华民族的伟大复兴提供合格的人才储备。所以，通过高校体育活动的开展以及对体育精神的倡导，高校校园文化有助于高校学生的全面发展。

4. 促进高校学生审美素质的提升和心理素质的发展

审美能力的提升和心理素质的发展是个人全面发展的表现，也是人类不断进步的标志。为了顺应新时期培养高素质人才的历史任务，高校教育工作者必须自觉强化高校校园文化审美内涵，帮助学生树立正确的审美观，抵制低级的腐朽的审美观念。同时，高校校园文化必须要为学生提供一个正确认识自己和正确评价自己的机会，要对学生心理素质的发展进行调节和引导，使他们形成较强的心理调节能力，从而为学生的学习、生活和以后的工作打下良好的身心基础。

四、提高校园文化理论视角的综合化程度

高校校园文化理论研究，毫无疑问是以校园文化建设实践为基础的。在确立这一理论的基础之时，学术界表现出了注重实践活动的研究特点，无论在基本概念的界定上，还是在功能作用的探讨上，都带有明显的实践“痕迹”，

即理论研究的目的更多地着眼于如何创造良好的校园物质条件与和谐的精神氛围。

在高校校园文化理论研究的过程中，取得了相当多的成绩，但也不可避免地暴露了一些问题，比如零碎研究多，系统研究少；实际工作者关注多，理论工作者研究少等。在系统考察高校校园文化的活动规律、建设方法和文化管理等方面具有很高理论价值的文章不多，而一般性归因考察及对策研究的文章由于缺乏理论准备，显得苍白无力、捉襟见肘。当然，近年来，在探索大学校园文化的运行规律，建设原则、程序、方法和机制方面取得了一些成绩。提出大学校园文化的运作是主体接受、选择和利用各种影响因素，客体文化与主体文化双向转化，主体自律与主导控制有机结合的综合过程。这表明高校校园文化理论研究正逐步摆脱实践活动的局限，开始注意从整体上构建高校校园文化的理论系统，从更高层次上寻找理论研究与实践活动相结合的途径。

高校校园文化理论体系的建立，需要更加综合的理论视角，需要更加注重多学科协作，开展综合研究。校园文化理论，是多学科交叉的理论，研究校园文化涉及诸多学科，它需要许多学科的支持，才能从更广阔的理论视角进行考察。回顾多年来的研究成果，高校校园文化的理论研究逐渐呈现出整合的趋势，可以从社会学、政治学、文化学、心理学、教育学、现象学等角度进行探索。探讨了校园文化的社会意义、政治文化的意义、校园文化在大文化领域中的地位、如何在高校中充分发挥校园文化的教育意义，以及校园文化如何作用于大学生的心理机制，但理论视野还不开阔，综合化程度还不高。而加强多学科协作，多种人才共同研究，不仅可取长补短，相互促进，还能拓展思路、迸发新思想，把校园文化理论研究推向新的阶段。

五、促进现代社会的良性发展

高校为社会发展服务成为世界高等教育发展的趋势，高校校园文化的建设也必须以促进社会发展作为宗旨之一。

（一）促进社会发展是高校办学的宗旨之一

1. 高校为社会发展服务成为世界高等教育发展的趋势

我们生活在一个从工业社会向知识经济社会逐步过渡的时代。知识经济不仅不同于依赖土地资源的农业经济，也不同于依赖自然资源和物质资本的工业经济。知识经济以知识生产为核心，以科技发展为动力，以高新技术产业和知识服务业为支柱，可见，知识经济的发展有赖于国民素质的提高和人力资源的开发。在知识经济社会中，大学和国民经济各部门相互依存、相互促进，教学、科研和生产紧密结合。这种结合不仅促进了高校教学和科研的改革与发展，而且使高校科研成果迅速转化为现实生产力，从而促进社会经济发展。在这样一个时代，区域条件、运输因素和原材料不再是维持经济可持续发展的决定性因素。人类智力和高科技成果已经成为21世纪经济繁荣最重要的推动力。科学技术的进步和经济的发展对劳动者的素质提出了越来越高的要求。因此，高校应积极响应这些要求，为社会经济发展提供强有力的人才支持和智力支持。

①高校要积极树立服务意识，发挥智力优势，拓宽服务范围。在过去，高校与社会联系较少，存在对社会的发展关注不够的问题。时代的发展和社会的进步要求高校必须走出传统的“象牙塔”角色，积极进行文化的输出，主动为社会的发展提供智力支持。

②高校应利用科研优势，积极创新，促进地方经济发展。由于历史原因，我国高等教育中的许多问题仍然制约着大学更好地为社会发展服务。首先，总的来说，我们的大学主要集中在直辖市和省会城市。高等教育资源的过度集中严重影响了经济发展和人才培养。其次，高校的一些学科严重脱离了社会的需要。特别是地方高校的一些学科没有结合当地经济的特点，造成人力物力的浪费和人才的流失，不能很好地为当地的经济社会发展服务。

2. 高校要为社会的可持续发展提供观念指导和价值评判

随着人类文明的不断进步，人类改造自然的能力逐渐增强。与此同时，人类对自身发展和社会发展的认识不断升华，一种新的发展观——科学发展观，逐渐形成。“科学发展”不仅是一种新的发展观，而且还是一种新的价值观和道德观。新时期，高校是独立的、富有前瞻性的，遵循在探索知识的过程中确保客观性的原则，尽可能倡导积极的价值观，从而为社会的科学发展提供观念指导和价值评判。

（二）促进社会发展成为高校校园文化的宗旨之一

高校校园文化建设是高校建设和发展的组成部分，必须服从高校的建设和发展目标。生产力的发展水平是决定人类发展水平的决定性力量。人类社会的物质生产方式制约着整个社会生活的进程和面貌，而上层建筑能够对社会经济生活做出积极的回应。作为社会文化的有机组成部分，高校校园文化建设环境不是孤立封闭的，而是开放连接的。它通过培养高素质人才和创造高质量的科学、技术和文化产品来回应社会和促进社会发展，具体表现如下。

第一，大学校园文化通过培养高素质人才促进社会发展。为了培养高素质人才，高校校园文化需要完成一项非常重要的任务，即实现大学生社会化。大学生社会化是将大学生塑造成具有一定社会文化知识、能够参与社会生活并胜任特定角色的社会人的过程，即大学生获得自立和社会工作资格的过程。

第二，大学校园文化通过创造高质量的科技文化产品和提供高质量的科技文化服务促进社会发展。大学校园文化在吸收和继承人类优秀文化成果的基础上，不断创造代表新科技新文化的优秀科技文化产品。丰富多彩的校园文化实践有效提升了一些企业和公司的生产能力和创新能力，通过转化为现实生产力的形式，使许多单位实现了科学管理并改善了其人文环境，满足了人民群众的生活需求和文化需求。

六、促进校园文化研究方法的科学化

“工欲善其事，必先利其器”，要想实现理论研究的创新，必然要采取科学的方法。进行高校校园文化理论研究亦如此，需要沿着正确的道路，掌握和运用科学的研究方法。唯其如此，才能取得丰硕而健康的成果，才能保证理论研究对于实践操作的科学指导。校园文化理论研究有待深入，研究方法的改进无疑是解决问题的关键，应坚持理论联系实际的方法。从经验到经验，就事论事，固然会阻碍理论研究向前发展；而沉浸在书本堆里，从理论到理论，肯定也不是科学的研究校园文化理论的方法。校园文化理论研究，要超越实践的局限，同时又要充分总结实践中形成的新鲜经验，不断回答实践过程中出现的新问题，为新时代高校校园文化建设服务。

（一）注意整体研究

即把校园文化视作一个有限的系统，研究其内在结构的同一性，并将这个有限的系统放在与外部世界的关系中来研究，以利于从宏观上把握校园文化的基本特征和发展规律。

（二）注意分层研究

校园的主体可以分为学生、教师、员工和管理者。由于年龄、身份、任务和责任的不同，四个群体的文化表现也不同。因此，有必要进行分层研究，以便从不同角度把握校园文化的本质，并相应地采取不同的措施，最大限度地发挥学校不同层次人员的潜力。

（三）注意个案研究

即通过微观分析，深入研究具体的人物、班级、学校和学生群体，以掌握校园文化的局部结构及其发展过程中的微观环节，从而进一步推动校园文化的研究。当前，应当提倡个案研究与实验研究方法的结合，把校园文化建设的理论模型在一定的范围内加以实验，从而获得对理论的崭新认识，同时取得经验，为推进校园文化建设健康发展提供动力支持。

（四）要对校园文化做历史的考察

亦即对校园文化本身的形成和发展进行考察。具体有两种方法：一种是还原法，即从现实出发，寻找学校教育现象背后的文化和心理原型；二是提升法，即从传统出发，审视校园文化的发展变化过程。研究的目的是通过把握校园文化的起源和发展，找出校园文化发展的规律。

（五）比较研究要进一步深化

比较研究是一项跨时间的研究。这种研究主要是提供一种文化类型，它结合了永恒性和普遍性的文化因素。换句话说，比较研究主要是文化类型的比较。其目的是促进校园文化的转化、塑造和完善，为特定学校的文化选择和发展提供现实而恰当的参考框架。

七、引导文化建设的先进方向

在新民主主义革命时期和社会主义现代化建设过程中，我国高校校园文化都代表了先进文化的发展方向；在新时期，高校校园文化则彰显出先进文化的特征。

（一）我国高校校园文化具有代表先进文化的历史传统

在社会发展的关键时期，我国高校的校园文化都代表了先进文化的方向，为推动中国社会的革命与发展做出了巨大的贡献，谱写了不朽的历史华章。在新民主主义革命时期，中华民族正处于生死存亡的关头，于是，各所高校都唱响民族救亡、国家统一的主旋律，广大高校师生以无比的热情积极参与到民族救亡的各种活动中，将自己的命运与国家的命运紧密地联系在一起，这些行为都体现了高度的历史责任感，形成了令人振奋的革命时代的高校校园文化。伴随着新中国的成立，高校校园文化也茁壮成长，呈现出一种健康、纯净和催人奋进的时代面貌。在这个时代，全心全意为人民服务和追求共产主义理想成为高校校园文化的主旋律，学雷锋做英雄成为高校校园文化的新风尚，高校校园文化以积极的姿态引领了社会主义文化的发展方向。

（二）高校校园文化彰显出先进文化的特征

在社会文化体系的组成部分中，高校校园文化是最具活力和时代特征的。在当代中国，所谓先进文化是面向现代化、面向世界、面向未来的，民族的科学的大众的社会主义文化。大学校园文化是面向现代化、面向世界、面向未来的，民族的科学的大众的文化，它体现了社会主义的本质，具有先进文化的特征。

1. 高校校园文化具有民族性和开放性的特点

在中华民族长期的共同生活和生产中，文化成就和传统的积淀、积累和逐步发展是中国先进文化建设的立足点。因此，先进文化的民族性不仅体现在这些优秀的文化成就和传统上，也代表了一种全新的时代精神。它是民族凝聚力的无形纽带，是一个国家可持续发展的内在动力。

然而，民族性并不简单地排斥开放性，开放性使先进文化具有包容性，拓宽了先进文化的视野，丰富了先进文化的内容。因此，先进文化应该坚持民族性和开放性统一的方向。在这一方向的指引下，高校校园文化在传承中华民族优秀传统文化的过程中，立足于中西文化的融合，以优势互补、自我发展为主导，通过文化创新引领先进文化的发展方向，推动有中国特色的社会主义文化的进步。

2. 高校校园文化具有大众性与时代性的特点

先进文化的大众性，从根本上是指文化的支配权和控制权掌握在广大人民手里，文化要体现广大人民的根本利益并完全为人民大众服务的性质。先进文化的时代性，是指先进文化要面向现代化、面向世界、面向未来，要具有鲜明的时代性和突出的时代特征。高校校园文化反映时代精神，反对丑恶，崇尚科学，反对愚昧，开拓创新，反对守旧，从而使高校校园文化具有了先进文化的大众性和时代性的特征，顺应了时代潮流，引领了社会主义文化建设的发展方向。

3. 高校校园文化具有科学性与先导性的特点

先进文化的科学性，是指先进文化能够吸纳古今中外的优秀文化成果和科学成果，能够运用科学方法，宣传科学思想，普及科学文化知识，并反映文化发展规律的特性。先进文化的先导性，是指先进文化具有前瞻性，能够指导人们依据客观规律来预见未来，并通过培育全面发展的人才来促进人类社会进步的特性。

第四章　国外校园文化建设的现状

"他山之石，可以攻玉。"研究国外大学校园文化的发展和特点，对于我们有重要的借鉴意义。校园文化是伴随着大学的产生而产生的，鉴于国外大学校园文化的理论研究发展较快，观点和流派众多，要搞好我们的校园文化建设，必须先了解一下国外大学校园文化的现状。本章主要是对国外校园文化建设的特点、经验教训进行详细的研究，提出了一些加强与国外校园文化交流的方式和注意事项，希望能够为我国的校园文化建设提供一些帮助。

第一节　国外校园文化建设的特点

一、注重人文精神的培养

校园文化的理论研究是以美国高等教育和美国文化为典型代表的。高等教育发展迅速，校园文化在培养人才和提高学校实力等方面的作用开始受到重视，对大学校园文化的理论研究也取得了不少的成绩。但由于不同国家的历史文化背景、价值取向、社会发展状况等千差万别，加上各高校自身历史发展具有各自不同的特点。

因此，对校园文化的认识和观点有着这样或那样的不同。但就当前而论，我国校园文化研究者在研究国外大学校园文化时，往往以美国的校园文化理论研究为代表进行探讨。在这里，我们也想主要通过美国校园文化这个参照物，简单介绍国外大学校园文化发展的现状和特点。

（一）继承人本主义教育传统

与西方的以人为本的文化传统一脉相承，西方的教育也主张实施人本教育，因而特别注重人文精神的培养。早在古希腊时期，这一主张在中世纪得到了继承。世界上最早的大学——意大利的博洛尼亚大学在设立时仅有代表人文科学最高成就的法学一个专业。文艺复兴时期的进步教育家要求大学以培养身心健康、知识广博、多才多艺的学生为教育目标，恢复体育，组织学生学习击剑、角力、骑马等，同时还开设了许多人文学科。并且，当时的剑桥、牛津也都开设了文法学院和歌咏学院。

现代大学人文教育传统始于英国。在英国许多大学一直坚持绅士文化教育，19 世纪中叶以前的牛津和剑桥一直坚持绅士教育，许多学者认为大学是一个教学机构和心灵的训练场所，认为职业技术教育低于人本教育。虽然这一状况在 19 世纪之后有所改变，英国的大学也开始注重科学教育，但古典人文教育一直在英国许多大学中占主流地位，直至今日，注重陶冶学生的价值观和思维方式，造就有教养而不只是有学问的人仍然是英国大学教育的目标。

英国的人文教育传统在美国早期的高等教育中得到了很好的继承，并且人文教育始终贯穿于美国高等教育的全过程。

（二）注重学生个性的发展

西方学者普遍认为，要坚持“以学生为本”的教育观念，强调个性发展的教育思想，尤其是注重学生的个性发展。在美国，学生的个性发展是高等教育的核心。

1. 教学模式多样化

美国高校在强化教学的过程中，往往会在学术自由的基础上，对多样化的教学模式进行积极的探索，努力创造出不同的教学风格。此外，学校还给学生极大的学习自由，学生来到大学里，可以根据自己的能力、爱好和需要接受教育、规划自己的未来，通过实行学分制和弹性学制，学生可以自主安排学习、生活，自由选择学习方式。

2. 课程体系个性化

在国外的许多高校，一般会通过建立个性化的课程体系来实现人才培养的个性化。具体体现在以下几方面。

①强调课程体系的特色化。

②课程开设具有多样性。

③开设了大量的选修课。

④普遍注意压缩必修课比例，扩大选修课的范围，学生可以根据自身实际自由选择。

3. 教育管理灵活化

在教育管理上，国外许多高校很少对学生进行硬性规定和限制，而是通过营造良好的文化氛围和环境对学生加以引导。以美国为例，美国人认为学生所处的校园环境和氛围对于学生的教育有决定性的影响，因此，他们总是通过营造良好的文化氛围和环境对学生进行潜移默化的影响，许多大学都为学生提供丰富的文化活动和必要的活动场所，通过学生活动办公室之类的机构，为学生提供建议、经费，以此指导学生自主开展文艺、体育等各种活动。

4. 实践活动个性化

如果说教学模式和课程体系中的个性体现是发达国家高校在宏观制度上努力的结果，那么学生在日常学习生活中所表现出的个性则更为生动突出。美国是一个移民国家，其文化具有很强的包容性，因而高校学生也极具个性化和想象力。这不仅表现在学生衣饰怪异、发型奇特、谈吐夸张，还表现在他们实践活动的多样化和个性化。在课后，学生会积极投入到各种各样的校园文化活动当中，并且会根据自己的喜好，制定出令自己满意的设计方案。在这种环境当中，学生的个性便会得到很好的释放和发展，学生的自我价值也得到了体现。

二、学术氛围浓厚

国外大学十分注重培养和营造良好的学术风气，那些著名的大学无一例外都非常重视学术氛围的营造，表现在以下几个方面。

（一）维护学术自由和大学自治的教育传统

西方大学校园文化最重要的特色就是坚持“三 A 原则”，即坚持学术自由（Academic Freedom）、学术自治（Academic Autonomy）和学术独立（Academic Autocephaly）。学术自由是西方的传统，早在古希腊智者们就萌发了自由探索真理的思想。但现代意义上的学术自由观念产生于 19 世纪的德国，这一时期的德国大学充分赋予教师教学自由和学生学习自由。除了学术自由传统，学术自治也是西方大学的悠久传统之一。

在中世纪，巴黎大学率先打出“师生自治联合会”的旗帜，并以罢课斗争争取到自治地位。此后经过许多代人的努力斗争，学术自治最终与学术自由一起，成为西方大学发展进程中最基本的原则和传统，并在德、英、美等国中得到进一步发展。今天的牛津、剑桥、常春藤联盟等，都是大学自治的典范。

在当代，美国的大学就享有不受政府控制的自由，拥有比其他大学更多的自治权。正因为有了学术自由和学术自治这种传统，使得西方的大学有了相对的独立，使得大学独立于社会和政治之外，成为真正研习高深学问的地方。

（二）采用竞争原则进行管理

国外的很多大学普遍采用竞争原则对学生进行管理，所采用的方式主要包括以下几方面。

①免除或减少优秀学生的学费。

②为优秀学生提供廉价的宿舍。

③设立丰厚的奖学金。

④采用学分制，对后进生进行惩罚和制裁。

在丰厚物质的诱惑和严厉制裁的影响下，学生学习的积极性和主动性被很好地激发了出来。学生们不得不在学习上勤奋刻苦、多下功夫，不得不“自觉”地表现出对学习的兴趣。

（三）注重学术声誉

要维护学校良好的声誉，营造良好的学术风气，关键在于大学的教学与科研。因此，国外高校首先从科研入手，重视学术科研是他们办学的核心理念，同时，他们也普遍将学术声誉放在第一位。

以美国为例，大多数高校往往会通过以下方式来激发学生从事学术科研的兴趣。

①邀请校内外、国内外著名学者专家举办学术讲座。

②组织学生与有关专家教授定期座谈。

③为学生创造科研条件，并且提供学术研究的场所，以便更好地锻炼他们基本的学术研究能力。

对于教师群体来说，各高校也会通过各种激励机制，举办各种学术交流会，使他们的学术水平得到进一步的提高，从而拥有良好的学术声誉。经过师生的共同努力，使得国外高校校园文化中学术氛围浓厚的特点非常明显。

三、重视实践能力的培养

（一）培养学生实践能力的主要途径

国外对学生实践能力的培养，主要通过以下途径实现。

1. 在课堂教学中培养

国外的学者普遍认为，学习是一个主动的行为。因此，各高校都采取各种措施，让学生积极主动地学习。在课堂教学中，教师不再是死板地灌输知识，而是通过多种多样的教学方法，让学生积极参与到教学中来。

2. 在科研活动中锻炼

在西方大学中，科研活动不只是教师的专利，学生一进入大学就会接受有目的、有计划的科研训练，在老师指导下从事一些科研活动，学习科学研究的程序、方法，并在科研活动中增加动手和科研能力。

除此以外，有的学校还给学生布置了一些有探索价值的课外作业，要求他们进行创造性研究，并有所创新。对于毕业论文同样要求创新，否则无法获得毕业证。甚至安排优秀的大学生与教师和高层科研人员一起参与重大的科研项目。这些都在很大程度上提高了学生的科研实践能力，有助于学生养成严谨、创新的科学态度。

3. 在课外校园文化活动中增强

发达国家许多高校为了培养学生的能力，除了课堂教学和科研活动之外，还相当重视在校园文化活动中增强学生的实践能力。国外许多大学鼓励学生成立各种各样的学生社团，这些社团活动的方式与内容完全由学生自行决定，所有活动由学生自行组织管理，校方提供经费和活动场所。

（二）鼓励学生参与社会实践，服务社会

除了加强在校园内的实践能力培养外，国外高校还鼓励学生积极参与社会实践，服务社会。常见的方式主要有两种。

1. 鼓励自主创业

国外高校还普遍重视将知识转化为经济效益，支持大学生自主创业。在美国，创业已成为校园文化的一个重要方面，硅谷科学工业园区就是一个典型，它以斯坦福大学为主导发展成为美国高科技的摇篮。

微软、雅虎、Google 最初就是由大学生创办的公司，比尔·盖茨（Bill Gates）、杨致远、拉里·佩奇（Larry Page）就是大学生成功创业者的典型。大学生自主创业既创造了效益，服务了社会，又在很大程度上锻炼和提高了学生的实践能力。

2. 倡导义工精神

有人说，美国大学对世界高等教育的一个最大贡献，就是其服务社会的精神。美国高校大力提倡义工精神，很多大学将学生做义工的时数作为录取时的一个指标，甚至把义工精神和正规课程结合在一起，鼓励学生将学到的专业知识运用到做义工的工作中。这样一方面服务了社会，增强了学生的责任感，一方面又提高了学生的实践能力，一举两得。

四、强调道德教育的地位

发达国家高校在教育机构的领导和社会公众的舆论监督下一直在加强对学生的道德教育。如日本，由于青年道德问题增加而产生的“教育荒废”，引起了社会的普遍关注，道德教育问题也因此成为教育改革的重要内容。

（一）德育在高校教育中占有重要地位

从某种意义上讲，国家突出德育在教育中的重要地位，也就是在校园文化中凸显强调道德教育的特点。这一点，在日本的高校教育中表现得尤为突出。早在 1984 年，日本临时教育审议会在教育改革报告中指出“道德教育要居主导地位”。1988 年，文部省在教育白皮书中强调各级各类学校设法进一步加强道德教育，并通过“智德体”到“德智体”的排序变化，再次突出德育的主导地位。20 世纪 90 年代，日本又在教育改革的深化中，提出了培养包括对美好事物和大自然的热爱、尊重生命和人权、对社会和他人的爱心奉献、对异质事物的宽容等内容的“生存能力”思想。

2000 年教育改革国民会议的改革方案中提出，“培养人性丰富的日本人”处于首要地位，他们认为，同情别人、热爱自然、尊重社会规范等精神态度是构成人性丰富的日本人的主要内容。2001 年文部省向国会提交的旨在振兴日本教育的《21 世纪教育新生计划》，再次强调了要加强学校的道德教育。这些方针政策的出台，对于中央集权制下的日本高等教育具有重大影响。

（二）德育在高校教学中全面渗透

德育在高校教学中的全面渗透主要体现在以下两方面。

①是一种全面的教育，涉及社会生活的方方面面。

②在非德育课程中渗透德育教育与思想。

以日本为例，高校课程体系中不仅设置了道德课、伦理课、环保课等有关德育内容的课程，而且通过讲授、讨论、实际锻炼等教学方式，增强德育效果。在其他学科的教学中，根据知识结构和内容的特点，都规定了所要达到的德育要求，如体育课要求培养学生合作进取、公正竞赛的精神和乐观豁达的生活态度，数理生化课则要使学生形成科学合理的生活态度和热爱自然的习惯，各种课外活动课要让学生养成礼貌、合作、有责任感、尊重他人等重要品质。

（三）德育在高校实践中的贯彻落实

美国高校为了实现学校教育在学生道德方面的有效引导，一直坚持做好以下几点。

①不管是教授、管理人员还是一般职员，都必须表现出良好的敬业精神，形成讲礼貌、守纪律的良好风气，培养学生的事业心，使他们养成良好的文明举止习惯。

②积极推行“体验学习”活动，让学生在劳动中体验生活、品味人生。

五、鼓励师生的创新精神

（一）学校加强创新性课程的教学

针对过去在“高智力型”教育模式下培养出人才类型单一、创新能力不足的学生，而被许多国家拒绝使用的社会现实，发达国家各高校纷纷摒弃这种旧的教育模式，加强了对学生创新知识的灌输。

在美国，许多高校不仅设有学生将来工作所需的实用性、应用性课程，也有扩充知识面、提高学生创新能力和涵养的课程，而且这些创新性课程每年都有新增内容，“高创新型”这种全新的高等教育模式正在逐步形成。

（二）重视师生创新能力的锻炼

除了创新理论的研究、灌输和创新精神的弘扬，西方各高校还积极开展创新实践，为学生创新能力的锻炼、提高提供机会。各大学每年都会举办各种文化节、艺术节、科技讲座、科学报告会等，并且对这些活动不断进行创新改革。

如哈佛大学的艺术节，每年都有新特色，这种规模庞大、持续时间长的艺术节，往往需要全体师生共同参与，通过组织参与，师生不断提高自己的创新能力。创新是一个国家发展的不竭动力，也是一个人素质的体现。

第二节　国外校园文化建设的经验

一、重视物质文化建设

应该说，国外大学尤其是许多发达国家的高校校园文化受其发达的高等教育影响，有着许多值得借鉴学习的地方，在校园文化建设方面更是有许多可取的宝贵经验。

重视物质文化建设是国外大学校园文化繁荣发展的一个重要经验。众所周知，校园文化是物质文化和精神文化的总和，是在学生的学习、生活过程中形成的，因此，这里的文化设施不单指一些校园文化活动所必需的场所、设备、机构，它包含了从吃饭、住宿、医疗卫生、心理咨询等有关学生学习、生活各方面的物质设施和服务机构。

（一）住宿方面

国外高校大多通过多元渠道来解决学生的住宿问题，而且宿舍类型多样、设施齐全、服务周到。英国部分高校在近年来的老宿舍改造中，提高了新建宿舍的标准，宿舍内有卫生间，有有线电视接收设施，有计算机网络连线等，出现了向舒适化、高档化发展的倾向。布拉德福大学和赫德斯菲尔大学新建的学生宿舍甚至达到三星级酒店的住宿标准。为方便学生生活，美国大部分学生宿舍附设学习、文体、生活设施，有的还有大型的自助餐厅。

（二）心理咨询方面

针对大学生心理问题逐步增多的现象，发达国家的大多数高校都设立了相应的机构，为学生提供心理咨询服务。英国高校心理咨询机构中的咨询顾问或心理医生由受过专业训练、具有丰富经验的专家担任，向家庭背景、社会背景、文化背景各异的学生提供帮助，协助学生处理各种个人问题。剑桥大学对学生实行免费咨询制，规定学生每年可进行 16 次免费心理咨询，其费用由各学院负担。

（三）图书馆建设完善

国外高校都尽量丰富图书馆的藏书量，努力为学生查阅资料提供各种高科技服务手段。许多著名大学拥有几百万册的藏书，全部实现计算机检索，甚至为学生提供大量的阅读指导资料，开设必修课程的参考书专架。

例如，日本名古屋大学图书馆藏书近 300 万册，全部用计算机检索，馆内座位近千个，每天平均接待学生数千人次；图书馆内备有 4000 余种报刊，为学生提供世界上最新的文化信息和科技动态。

（四）体育场馆的建设

国外很多高校为了更好地追求项目的多元化和技术的现代化，在体育场馆建设上往往会投入大量的资金。以日本的东京大学体育中心为例，这里设置了各式各样的训练厅，比如室内游泳室、器械室、羽毛球室、网球室、太极拳训练厅等等。除此以外，为了给学生们提供科学的运动保健方面的意见，学校还设置了专门的健康咨询室，目的就是对学生进行体质和体能方面的检测。

二、加强制度文化建设

校园制度文化是指受社会、国家、政府的支配，由于学校内部运转的需要，在学校长期发展中形成的校园人的行为准则、道德规范、群体意识、生活习惯等。国外高校的制度文化建设主要有以下几个特点。

（一）注重立法

教育立法是现代国家教育行政的依据。西方国家都有重视教育立法的传统。对于高等学校的内部管理，他们都根据具体情况，制定各项规章制度，使得管理工作有章可循。

美国大学都定有各种规章制度，其特点是明文规定、详尽而严密、印刷成册、广泛发送。全校教职工，上至校长、下至普通工作人员，每个人哪些该做，哪些不该做，都有明确的规定。比如有的大学明文规定，非经校长或院长批准，任何教师都不得缺课或擅离职守。教师每学期的讲课时数都有规定。各项规章制度不仅教职工自觉遵守，而且学生也照章办事。

（二）运用现代化手段

谈到管理的科学化，必然要涉及管理的准确性和有效性，而管理方法和手段如果还处于落后的人工处理水平，准确性和有效性以及科学性无论如何是不易达到的。美国等国在大学管理中广泛使用电子计算机等现代化手段的事实也是人尽皆知的。

美国等国在大学管理中运用计算机技术，建立管理自动化系统的经验表明，利用技术手段汇集和传递管理信息，有可能大大减少领导人员、教师、科研人员和教学辅助人员的劳动强度，可以大大提高管理的效率和精确性。

三、关注师生行为文化

（一）突出学生的主体地位

西方的大学非常重视发挥学生的主体作用，积极支持和鼓励学生通过各种方式发挥自己的积极性、主动性。因此，很多高校大力支持学生社团活动，社团活动十分活跃。斯坦福大学的社团除了男、女生联谊会及各学生宿舍的“政府”外，还包括学术、体育、服务、艺术创作、民族文化、健康卫生、媒体出版、娱乐消遣、宗教等数量众多的志愿性学生社团，活动内容涉及社会生活的方方面面。

各高校有一整套的社团工作管理模式。学校为新社团工作人员进行组织管理和学术理论上的指导，充分保证学生社团的活动时间，为社团活动提供经费上的支持，有学校甚至专门拨款修建活动中心，为社团活动提供专门的场所和服务。

美国是一个对组织社团极其崇尚的一个国家，其中在全国范围内设立了两万多个全国性社团，十万多个地方性社团。并且，由于受到重视学生主体作用这一思想的影响，高校学生社团也都十分的活跃，社团组织往往遍布校园的所有空间，组织形式也是多种多样，变化莫测。由于社团活动内容过于丰富，学生的大部分课余时间都用在了社团组织上。

不仅美国，日本高校的社团活动也十分活跃，学校领导对社团活动积极支持并加以指导。正是在这种高度重视学生主体地位的思想影响下，国外高校形成了充满生机和活力的校园文化活动。

在日本高校中，学生社团十分活跃，高校领导也对此持积极态度并加以引导，在这种前提下，各个大学都定期举办文化艺术节和体育运动会，给各种俱乐部提供表演的大舞台，推动全校的学生课外活动的展开，大学生参加社团活动的热情也非常高涨。

总之，在西方国家，高校都非常重视这种体现学生主体作用、培养学生能力、有利于学校发展的学生社团活动，并通过各种途径和形式，采取一些切实可行的有效措施，表示出对学生社团活动的理解、支持与鼓励。这些在客观上都有利于校园文化充满生机与活力的繁荣局面的形成。

（二）增强教师的主导作用

西方国家的高校一直非常重视教师队伍的建设，注重提高教师的素质，提高教师队伍的质量。他们认为，要保持学校的名望、地位，保证学生培养的质量，靠的是教学质量和科研质量，因此，一些名牌大学在对高质量教师的培养方面采取了许多措施。

①在对教师队伍的选拔上更强调能力、经验、学历和职称。巴黎大学最低一级的助教要求硕士以上学历，还要求通过严格的教师资格考试，而教授必须有 35 岁以上的博士学位为前提。

②他们看重教师的科学科研成绩，对教师的培养有严格公开透明的竞争激励机制。哈佛大学的编内讲师聘用期为 5 年，5 年以内业绩不突出者不能晋升级者，不予聘用，而对连续聘用几个任期的转为终身教授。

③注重教师队伍的人员更新和知识能力的更新，将终身制与流动制相结合，既得有生力量，保存权威，又不断地注入新鲜血液，适应时代需要。

④重视教师的评估。这种评估既有同事间的、同行间的，也有学生的。学校不仅看评估结果，也看评估过程。哈佛大学在课程结束前，分发评估调查表给学生，学生填好后交回教务处，同时参照专家评估后，对教师做出相应的奖惩。

事实证明，重视教师队伍建设，正是那些名牌大学拥有良好的社会声誉，能够吸引大批优秀学生，能够取得高水平研究成果的关键。拥有一支一流的教师队伍，对优良教风、学风的形成，对校园文化的发展都有巨大的推动作用。对于校园文化发展而言，重视教师队伍的建设，有利于增强校园文化的先导性。

四、特色鲜明的精神文化

（一）坚持多元文化的交叉融合

20 世纪以后，随着全球化的发展和影响，文化多元主义对国外大学校园文化也产生了越来越多的影响，并且开始受到人们更多的重视。这一点在美国的大学中体现得非常突出。

美国是一个开放的社会，美国文化以熔炉文化著称于世。这种开放的多元的文化使美国大学摈弃了欧洲传统大学因循守旧、单一的教育思想。在兼容并收的主流文化基础上的多元文化交叉融合的校园文化成为国外大学校园文化的一个典范。多元文化主义是美国教育的国策，多元文化教育是使多民族移民融入美国主体文化的最有效途径。

美国的这种多元文化是一种兼容并收和宽容性很强的开放文化，能够形成主流文化基础上的交叉融合，在这里，每个学生都可以任意选择自己的观念、信仰和生活方式，不同族群的学生可以保持自己的习俗、礼仪。

从构成看，基督教文化、共和文化、个人主义作为美国校园文化的三大基石，共同构成美国校园文化的主流。

①基督教文化在西方根深蒂固，其重要的一个因素就是博爱宽容，这使得美国高校尽管种族关系极为复杂，但文化的包容交融却最为突出。

②共和文化是美国民族精神的精髓，是美国建国初以民主、自由、平等为核心的文化价值的统称，它对美国校园文化产生了重要影响，它改变了贵族教育传统，给每个公民平等的受教育的机会，也使美国高等教育在短短几百年中得到了飞速发展。这种自由、平等的文化也使得美国的大学能够以宽容的心态接纳不同族群的不同文化，接纳世界上各种优秀的思想。

③个人主义追求的自由和全面发展，对个人奋斗和自我实现的强调，又推动了共和文化的深入完善。正是对于个人自由发展权利的尊重和保障，才使美国校园中各种文化和谐共存、交叉融合、共同发展。

美国是一个移民国家，不同国家、不同民族的移民把不同的民族文化带到了美国，形成了一种具有特殊化、多元化的移民国特征的异质文化。杂居各民族具有十分突出的差异性，使得人们不特别注重统一性，对异质文化和不同评议能够容忍、接受。各种文化互相渗透、影响、融合甚至互相作用，从而形成了美国文化宽容的特点。

在坚持基督教文化、共和文化、个人主义的校园文化主流地位的前提下，各种文化思想交叉融合，奠定了美国大学教育的多元文化基础。此外，为提高弱势群体的自我意识，发展自己的独特文化，多元文化主义在对传统主流文化进行大解构的同时，还积极构建亚文化群体的话语体系，借以打破“欧洲中心论”，真正建立文化的平等、和谐相融，加上美国各大学积极开展对外交流、合作办学、广招留学生，进一步促进了多元文化的发展。

（二）重视对大学生的道德教育

很多人认为，西方高校不注重道德教育，没有成功的道德教育。这种观点是极其片面的。事实上，重视对大学生的道德教育，在国外高校校园文化中表现得相当突出。

1. 强调德育在大学教育中的重要地位

美国大学的德育教育，重在培养学生参与社会生活和道德推理能力，注重国家精神和对青年承担社会责任和义务的培养。在20世纪80年代后期，美国社会就推出了500余个教育法案，鼓励学校制定系统的德育评估标准。进入21世纪，人们发现美国经济的繁荣和道德水准的下降已极不相称，并且正面临“恐怖袭击”危机。因此，重振以爱国主义为核心的道德教育，已成为21世纪初美国教育改革的一大主题。

而日本在1984年的教育改革报告中就明确指出道德教育要居主导地位。1988年文部省在教育白皮书中再次要求学校进一步加强德育教育，把原来“智德体”的排列顺序改为“德智体”，突出德育的主导地位。此后的20世纪90年代到进入21世纪，在每次的教育改革方案中，都强调了要加强学校的道德教育。

2. 注重道德教育在大学教学中的全面渗透

国外的道德教育在实施方法上有两种。

①一是直接开设道德教育课程。

②二是将道德教育寓于其他课程的教学和学生的课外活动中。

而强调道德教育在教学中的全面渗透，在各大学中都十分突出。日本的大学不仅设置了道德课、伦理课、环保课等有关德育内容的课程，而且在其他学科的教学中也规定了各科应达到的德育要求。美国大学没有思想品德课，但将道德教育寓于各种教育教学中，效果也非常明显。

3. 突出道德教育在实践中的具体落实

将道德教育寓于社会实践是国外大学道德教育的通行做法。日本除了要求教职工以身作则做好道德引导之外，还积极推行“体验学习”，让学生在劳动实践中体验生活，培养良好的道德行为习惯。美国则推行义工服务，培养学生的群体意识、团体观念以及社会伦理道德。

1996 年，美国近 200 所院校签订了“校园协议”，联合开展公民与服务教育，耶鲁大学一年级学生成立了“全国无家可归问题教学”组织，劳伦斯大学二年级学生参加地方扫盲计划，还有的参与社区建设，为教堂服务，访问教养机构、精神病院、养老院等。事实证明，在实践中进行道德教育，增强了学生的社会责任感和服务意识，对于道德教育的成功有着良好的作用。

五、国外大学校园文化建设的教训

国外很多高校在校园文化发展中也有许多不尽如人意的地方，具体体现在以下几方面。

（一）缺乏对学生进行引导

国外高校校园文化的产生与发展，是以资产阶级的民主、人权、平等、博爱为核心的。尽管这些思想具有阶级性，但如果能被很好地贯彻，真正深入到学生的头脑中，对于纯净校园文化思想、保持校园文化的先进性还是有很大作用的。但是，在实际当中，由于缺乏正确的、真正有效的引导，学生在思想上存在着各种偏差，具体表现为追求功利主义和实用主义的思潮充斥校园，极端利己主义思潮泛滥。

而且随着西方社会的不断发展，各种纷繁复杂的思潮不断产生，保守主义、相对主义、科学主义、绝对主义等相继产生，虚无主义的阴影笼罩着西方社会。大学校园对外的极度开放，使这些思潮不加辨识地涌入校园。加上高校缺乏对大学生思想进行正确的、行之有效的引导，促成了反社会、反文化浪潮的产生。

西方国家的高校虽然也非常注意道德教育，但他们同时也很关注自我、突出个性，在一个物欲横流的外部环境中，道德的吸引力显然要微弱得多。校园文化的哲学意念完全成了各种消极思想的概括。在哲学意念的各个层面，如对真假的认识判断、对人的本性的把握、对人类活动本质的认识等，学生遵循的都是消极思想指导下的“公理”，而它们事实上是经不起实践检验的，是不利于社会秩序的安定和人类社会的发展的。

因此，在社会文化的变革期，缺乏对学生进行正确的、有效的引导，是发达国家高校校园文化哲学意念层面出现偏差的主要原因，这也是我们在校园文化发展实践中应当汲取的一个教训。

（二）不良社会思潮的影响

国外大学虽然也很注意道德教育，但他们更关注自我和个性的发展，而外部社会物欲横流，道德的吸引力本来就很微弱，再加上传统价值观、道德观的缺乏，文化虚无主义的产生和泛滥，国外大学生思想上受到的负面影响越来越多，使得实用主义、极端利己主义进一步泛滥。大学生们强调自我，追求实惠、享受，把自身利益的满足作为行动宗旨，漠视集体和他人的利益。这一点在美国的大学中表现得尤为突出。

美国文化中特有的实用主义价值观进一步加深了极端利己主义思想的发展。美国很多大学生接受大学教育主要从功利主义出发，把学位看作是获取金钱报酬的有利条件，因此，他们在选择专业时更强调实用性，不愿修习与未来职业无关的人文学科，导致寓于人文学科中的道德教育不能有限实施，进一步影响了对大学生价值观、人生观的引导匡正，从而使得功利主义、极端利己主义更进一步泛滥。

（三）外部联系错综复杂

校园文化作为一种亚文化形态，有着自身鲜明的特点，它以鲜明的教育性、明确的规范性、有限的开放性、内容的集合性、形式的多样性、吸收的选择性和释放的辐射性等多种性质特征而区别于其他文化形态。但半开放的校园难免会涌入各种社会思潮，加上各大学本身的产生和发展都有着各自的背景，这种与外界错综复杂的联系，正逐步削弱校园文化的校园特性。而这种现象的产生的原因，主要包括以下几个方面。

1. 宗教文化影响着校园文化的特性

西方国家的高校，尤其是早期一些著名的高校，大多是由教会创办的。宗教文化对校园文化的影响，不仅表现为信教师生所占的比例较大，更重要的是以其教义作为寄托理想信念的主要载体，在校园文化中起着体现理想、净化精神、规范伦理等重要作用。

虽然从表面上看，宗教文化对校园文化的影响随着宗教的世俗化发展和大量严格的教规教俗的被抛弃而大大减弱了，但实质上它只是变换了影响的方式。当前状况正是如此，宗教文化已经以种文化的形式同校园文化进行着交流与融合，从而使校园文化凸显宗教性。

2. 大众文化削弱了校园文化的校园特性

国外大学校园的开放性多为全方位的，社会上任何流行文化、世俗的行为观念都可以毫无阻拦地进入校园，加上外部社会强大的环境影响，这些世俗的大众文化迅速地影响着校园和校园师生的行为观念，从而直接引起校园文化内容的变异。

高校校园文化在发展中对不同地域文化、不同民族文化、不同时期文化一定程度地吸纳是必要的，但我们一定要谨慎地控制吸纳社会文化的分寸，不能损害校园文化的建设、弱化校园文化的特性。发达国家校园文化与其他文化类型的差异在逐渐缩小，这一点我们必须重视。

3. 大学商业化削弱了校园文化的纯粹性

国外大学校园文化在发展过程中，受到了社会经济观念和价值观的极大影响，现代大学告别了 19 世纪的单纯封闭的状态，高度发达的商品经济社会、高校普遍面临的资金短缺等，导致了商业化在大学的盛行，而这更进一步削弱了校园文化的纯粹性。

随着政府对高校研究经费、教育经费的缩减，公司、企业的财政资助占大学经费的比例越来越大。过度的商业行为渗透到了学术中，给学术研究带来了极大的伤害。商业化影响了教师的价值取向和学校的管理结构、课程设置、教学内容、硬件设施和正常的教学。校园文化的时尚通俗性增大，金钱效率在学术决策中占上风，破坏了学术自由，也逐渐减弱了大学师生对学术性活动的关注、参与。商业渗透还导致了大学生价值观的错位，商业化、市场化及对物欲感官享受的过度追求，对学生的人生态度、价值观所造成的负面影响是持续的，甚至很有可能是终生的。

4. 文化过滤机制不健全

（1）校园暴力问题突出

校园暴力包括学生之间的斗殴，学生对教师的暴力、破坏公共财产等行为。在西方社会，为金钱、地位尔虞我诈、枪杀暴力等行为充斥社会，电影、电视、网络、报刊、电台等传播媒体对暴力的大力渲染，家庭暴力时常发生，进一步加剧了大学生暴力个性的形成，校园暴力愈演愈烈。枪支管理不严格导致校园里杀人、抢劫、强奸等刑事案件数量逐年上升，成为影响社会安全稳定的重大隐患。大学的校园生活整天笼罩在一片恐怖的阴云之下。

（2）毒品问题在校园日益严重

在国外一些大学校园里，吸毒蔚然成风。在 20 世纪 60 年代，青少年吸毒的人数达 200 万。吸毒行为极大地影响着国外大学校园，从而在校园中衍生出了一种事实上的“毒品文化”，它与“暴力文化”一道，构成了西方国家高校校园文化的一项基本内容。

（3）种族歧视问题依然突出

种族歧视在美国的大学校园中表现得非常突出，并且随着学生民族成分的多元化，种族间的冲突又有加剧的趋势。近年来，大学校园内的种族歧视又有所抬头，校园里经常发生白人大学生侮辱少数民族学生的种族暴力事件。

值得我们注意的是，发达国家各高校，不仅缺乏一套完整健全的文化过滤机制，还常常因一些无谓的政治争斗，忘却了自己担负的神圣使命，对形形色色的社会文化，甚至是低级、庸俗的成分也大开绿灯，从而加剧了各种校园问题的产生。

第三节　加强与国外校园文化的交流

一、加强与国外大学校园文化交流的必要性

（一）校园文化的开放性特征决定了客观需要

从地域上来看，校园文化的校际交流主要包括以下两方面：第一，国际交流；第二，国内交流。自改革开放以来，我国校园文化的国际交流就已经开始了，并呈现出了飞速发展的趋势，但也仅仅是局限在很小的范围，与我国高等教育发展的国际化趋势相比，依然有着很大的差距。出现这一状况的原因主要包括以下几方面。

①意识形态、人生观、价值观等方面的不同，使得我们始终是以一个较为保守的态度去对待校园文化的国际交流。

②大部分高校都存在严重的资金短缺问题。

由此可见，我国高等教育发展要实现国际化，还需要进一步迈开步伐才可以。

（二）校园文化发展的客观需要

大学校园文化的本质是开放的，它通过不断与社会环境交换信息，来保持自身的有序并向更高层次的有序发展。世界各国文化教育的发展从来都不是封闭的，他们往往是在彼此接触、相互交流、取长补短中向前迈进的。正因为如此，我国高等教育的这种发展历史和现实决定了我们的校园文化建设必须走民族化和国际化相结合的道路，坚持借鉴学习别国经验与自力更生、不断创新的统一。

（三）时代特征的客观需要

加强与国外大学校园文化的交流，也是顺应时代的需要。当今社会是一个开放的社会，全球化席卷了每个领域，文化教育也不能例外。因此，我们在这样一个开放的世界环境中，在人才培养上必须具有世界眼光和战略思维。我国高校校园文化的建设理念要主动与世界接轨，大胆吸收国外大学校园文化建设的好经验、好做法。

二、加强与国外大学校园文化交流的方式

在我国现阶段的校园文化发展中，与国外大学校园文化的交流是很不充分的，交流的形式单一，渠道也不畅通。要真正实现校园文化自由畅通的交流，必须实现校园文化交流方式的多样化。

（一）完善校际的直接交流

要更好地与国外大学进行校园文化的交流，必须扩大并完善国际校际交流形式。具体来讲有以下两种方式。

1. 开展以教师为主体的校园文化的国际交流活动

要努力改变形式主义的作风，真正以一名校园人的身份，深入对方的校园生活，感受体验不同的文化氛围。尤其要组织那些对校园文化理论有一定研究或者担负校园文化发展责任和直接指导学生的青年教师参加，避免在人员选派上的论资排辈。而且在交流考察过程中要处处联系我国校园文化发展的实际，研究成果和问题背后的原因，增强活动的有效性和针对性。

2. 要积极开展以学生为主体的对外联谊活动

这也是扩展国际校园文化交流的重要形式，是连接国内外校园文化和彼此沟通交流的桥梁。目前我们的这种联谊活动比较少，而且仅限于文艺会演、教育对抗赛等有限的形式。我们要开展富有挑战性的形式多样的活动，让我们的学生在交流活动中充分发挥自主性，走近外国学生，了解他们的生活方式和思维方式。当然，为了达到我们的交流目的，在以学生为主体的前提下，需要有经验的教师提供建议和适时的指导，以提高活动的有效性。

（二）扩大留学教育规模

留学教育是校园文化交流的重要方式，也是现代教育发展的显著特点。扩大留学教育规模包括以下两方面。

1. 扩大出国留学生队伍

扩大出国留学生队伍，可以解决我们教育资源不足的问题，有效利用国外优秀的教育资源，归国留学人员可以把先进的校园文化带回国内，帮助我们更好地引入国外的先进思想文化。但我们不能盲目地扩大，要仔细考虑出国的目的，选派合适的人员到对口的专业学校，而且必须尽量提高留学生的回国率。尽管近些年留学生回国率有一定提高，但还远远不够，过低的回国率会造成金钱和人才的双重浪费，也达不到引入、传播先进文化的目的。

2. 吸收接纳更多的外国留学生

这可以极大地提高我们利用发达国家校园文化、发展自身校园文化的可能性。接纳外国留学生，让不同国籍、不同传统、不同语言和不同思维方式的学生和老师交融并合，有助于校园人的思想开放，提高学校对外交流的能力，从而对校园的精神文化产生重要影响。由于目前我国高校的国际声誉还不够高，吸收的留学生有限，因此，我们要做好以下工作。

①用自己的特色专业抢生源。充分发挥我们的优势，体现我们的民族特色，在某些方面和发达国家教育形成互补，从而吸引更多的外国留学生。

②努力提高高校的教学科研综合实力。

③给予政策上的适度倾斜，主要是通过扩大招生计划、降低学费、广设奖学金及提高外国留学生的其他待遇等措施，以弥补教育质量的不高和教育环境设施的不足。

（三）鼓励支持优秀的外国机构来华办学

来华办学的国外教育机构一般会按照自己的教育理念和人才观念办学，因而在教学管理、教学思想和教学实施上，都会与我国传统的教学观念有很大差异。这实际上相当于引入了国外大学校园文化的内容。我们可以很好地学习和有效利用国外大学校园文化中的先进知识，促进我国校园文化的发展。

但就目前而言，我国的高等教育市场还不够开放。例如，在与外国合作办学和外国机构来华办学的问题上还有非常严格苛刻的规定。这种政策的制定是为了保护我们自己的高校和教育机构的发展，保证生源和教育质量，但在客观上不利于解决教育资源短缺的问题，不利于竞争机制的形成，也不利于我们对先进校园文化的学习。

因此，在坚持开放不影响教育主权，不影响民族特色的原则下，将外国机构来华办学的比例、规模控制在一定范围的前提下，我们可以适当开放我们的教育市场，鼓励和支持一些质量高、信誉好的外国教育机构来华办学。让发达国家先进的校园文化走进来，为我所用，让我们更好地学习、体会他们发展校园文化的先进经验，从而更好地发展我们自己的校园文化。

（四）实现引入方式的多元化

1. 拓展校际的直接文化交流

校际的直接文化交流是我国高校与国外大学沟通交流的一种最基本的形式。但目前这种直接的交流还不充分，也不全面，主要体现在以下三方面。

（1）交流范围有限

名牌大学、重点大学在校际交流上相对机会比较多；而一般性大学和地方院校就较少有机会同国外大学进行这种校际的直接交流，他们的对外交流明显不够。而校园文化的发展，对于一个国家而言，不是搞好几所学校，做出几点示范就能实现的，它需要的是整体的全面的提升。

（2）交流不够深入

现在的一些对外文化交流学习停留在参观成果设施的层面上，不能真正深入对方的校园实际生活。

（3）在时间上无保障

许多交流活动的单次交流时间过短，每次交流的时间间隔又过长，即使是出国学习访问也成了例行公事，很少会进行校园文化方面的交流。

因此，为了加强对发达国家校园文化的有效利用，我们有必要大力扩展国际校园文化交流，巩固并完善这种基本的文化交流形式。具体应做到以下几点。

①要努力拓展以教师为主体的校园文化的国际性交流活动。

②要积极开展以学生为主体的校园文化对外联谊活动。

2. 降低外国机构来华办学的准入门槛

发达国家的一些教育机构来华办学，必然会按他们的人才观念和教育思维来进行，他们会在教育过程中沿用他们先进的管理经验，在部门规章制度的制定、学校决策机制等方面实施与国内一般高校不同的方式，在教学思想、教学方法、教学目标、教学过程等方面也会出现一副新面孔，从而在实质上引入了发达国家校园文化的部分内容，也引入了发达国家校园文化的部分生成机制，这对于有效利用发达国家的校园文化具有积极作用。

但是，在高等教育市场开放、办学门槛逐渐降低的同时，我们必须要做到以下两方面。

①开放要有限度，不能影响我国的教育主权，不能影响我国的民族特色，也就是说，仍然要将其比例与规模控制在一定范围内。

②开放要逐步推行，要有连贯性，幅度不能太大，以避免出现重大的决策失误。

为此，我们要与时俱进，完善高等教育的法制管理，走依法治教的道路。我们要有发展的眼光，要有全局的观念，要虚心学习别人的长处。为了发展我们的校园文化，就要让西方国家的教育走进来，从而更好地学习体会他们在发展校园文化方面的先进经验；而西方国家的校园文化及其建设经验能否随他们的教育大大方方地走进来，在一定程度上取决于我国办学门槛的设置状况，取决于我们教育市场的准入条件。由此可见，我们要在保持国内正常教育秩序的前提下，逐步降低发达国家来华办学的准入门槛，进一步促进西方国家校园文化引入方式的多元化。

随着国际接触与交流合作的日益频繁密切，西方国家的校园文化正以多种途径和方式传入国内，渗透到我们的校园文化当中；我们也需要以积极的热情和改革的勇气，通过我们的努力，加快这一进程，真正多元地引入发达国家的校园文化，并为利用这种先进文化做准备。

三、加强与国外校园文化交流时应避免的问题

一方面，我们要加强与国外大学校园文化的交流互动；另一方面，我们也应看到，两种校园文化产生的社会历史条件、体现的价值观、展现的时代精神、依据的指导思想、发展的前途与目标，都存在着很大的不同。国外大学校园文化的发展良莠不齐，因此，在加强与国外大学校园文化交流时，我们应该注意避免以下问题。

（一）避免盲目认同

国外校园文化中既有许多值得我们学习的先进经验，也有一些消极思想，如个人主义、享乐主义、利己主义、虚无主义等。因此，在学习利用国外校园文化时，我们必须对它们进行认真分析，仔细辨别，做到去粗取精。我们的大学校园文化建设是在党和政府的领导之下进行的，因而，我们在对国外校园文化进行分辨时必须坚持社会主义办学方向，必须坚持马列主义、毛泽东思想和中国特色社会主义的正确指导。但是，对于这项原则的使用，我们不能过分拘泥于理论，只需要从宏观大局上加以把握，只需要方向性的引导。

例如，在西方高校的激励机制中，物质方面的刺激多于精神上的鼓励，如以高额奖学金、助学金等来培养学生浓厚的学习风气，营造浓郁的学术科研氛围。对于这种现象，我们不能僵化地用马克思主义理论将其划入拜金主义思想不予理会，我们应在承认物质鼓励积极效果的基础上，适当仿效并适当改进，不一定重金收买，但可以用一些软的约束力去争取获得相同的效果。

（二）避免全盘引进

我们学习研究西方的校园文化，不是全盘否定我们自己的校园文化，也不是全盘照搬西方校园文化。既然我们研究学习国外校园文化的目的是发展我们自己的校园文化，那么我们就应该按需引进。现有的物质条件、基础设施、人员素质、技术水平等都极大地限制着我们借鉴、利用的效率。

国外大学重文化设施建设，我们不能每个学校都去建一个一流的体育馆、一个一流的文化活动中心，那不符合我们的国情。要学习引进，首先要搞清楚自己的实际需求，到底什么是当前最迫切需要解决的问题；其次要做到有的放矢，充分利用好有限的经费和资源，发展自己的校园文化。一切必须从自己学校的实际出发，不能盲目照搬他人模式。

（三）避免从短处着眼

1. 不可急功近利

在学习国外校园文化时，应该把眼光放到成果背后，寻找其成果的生成机制。找到国外先进校园文化形成的原因、背景，从而学一知十，达到为我所用的目的。万万不能为了贪图短期效应，为了彰显政绩，缺乏长远考虑，一切照搬。校园文化的建设不是一朝一夕就能搞好的，它是一项长期的系统工程。

2. 避免形式主义

一些高校在校园文化建设上的形式主义还表现在校园活动流于形式，只抓节日活动。校园文化建设中的形式主义作风比较严重。有一些高校往往是当面一套，背地里一套。口口声声宣传着建设校园文化，但是实际上却不采取任何行动。特别是一些领导，官僚主义作风严重，需要的时候校园文化建设小组便会象征性地设立，不需要的时候就形同虚设。以上这些都会在很大程度上削减教师和学生在建设校园文化上的主动性和积极性，甚至使他们在开展相关活动时也流于形式。

四、应当遵循的基本原则

（一）立足正确思想，分析鉴别

由于我国的高校校园文化是在党和政府的领导下发展的，因而必须坚持社会主义的发展方向，必须坚持马克思列宁主义、毛泽东思想、邓小平理论和“三个代表”重要思想的正确指导。这是我们分析鉴别发达国家校园文化优劣的指导思想，也是我们借鉴利用的基本原则。对这项重要原则，我们还要努力赋予它更丰富、更具体的内涵，以增强这一原则。

①我们不能拘泥于这些理论思想。理论的伟大就在于它对实践的指导，在对西方国家校园文化的辨别筛选实践中，必须坚持马克思主义一元化这一正确的指导思想，它的作用应当是方向性引导，只在宏观大局上把握。

②我们以科学的态度对西方国家的校园文化进行认真仔细的分析和鉴别，但不能锱铢必较、患得患失。

西方国家校园文化在经历了漫长的发展历程之后，在各个方面都得到了很大发展，都有值得我们学习借鉴的地方，但与此同时，消极因素和积极内容更紧密地结合起来了，而且带有很大的隐蔽性，这就需要我们在正确思想理论的指导下，审慎地分析各种校园文化现象，辨别区分其正反两方面的内容，存留能为我所用的部分。

但是，我们也确实没有必要“逐字逐句”地进行这项工作，这样既费时费力，也不一定能取得好效果。我们在战略上要仔细认真，在战术上则要松紧得当，不能因为要认清、剔除一个很小的瑕疵而废弃一块美玉，更不能因为认识上的偏见而非要在原本极为适用的经验中寻出一个不和谐音符，违背我们对西方国家校园文化进行分析鉴别的初衷。我们正确的态度应该是做到以下两点。

①在宏观大局上，牢牢地立足于正确的理论思想，认真仔细地对西方国家校园文化进行分析鉴别。

②在具体操作中，要综合比较、权衡利弊，发挥一定的主动灵活性，依据利用国外校园文化发展我国校园文化的实际需要，宜紧就紧，宜松则松。

（二）按照自身特色，移植转化

校园文化是产生于一定的社会背景当中的，一旦离开这一土壤环境，长期形成的稳定结构就会遭到破坏，原本的先进性也会大受影响。对于国外校园文化在我国高校的利用也要充分考虑到这一点，不能因为某种思想、某项措施在他们的校园文化当中产生了积极的影响而迷惑于其结果，不顾环境的变化而依然原原本本地套用过来，而应根据已经变化了的情况，对这些先进的文化内容、有效的建设经验进行合理的改造，使它们符合我们的校园实际，在移植过程中实现角色的转变。

对于外来文化，包括西方国家校园文化的利用，我们首先要做的就是把能够利用的部分引入，然后再根据我国的民族特色和校园传统，将引进部分的内容和形式做适当的转化，使之成为符合民族和学校要求并且具有持久发展能力的校园文化。具体来说，引进外来文化的关键就是严格抓好“特色”和“转化”，其中“特色”必须要全面，而且要有重点。

我国高校校园文化在文化背景上有别于其他国家的校园文化，在发展的方向、建设重点、策略手段等方面也都有差异，这些综合构成了我国校园文化及其发展的主要特色。但是，在所有方面都强调特色也就丧失了特色。只有那些最能反映核心内容的特色才是需要我们倍加关注的。

在本质上，我们这里讲的特色就是我国高校在校园文化方面的基本传统要求；立足于自身特色，就是要使一切活动和努力，都满足这个要求；“转化”则是基于一个共同的着眼点，在具体内容和形式上做出替换。

在道德建设中，西方国家高校将道德思想融入课程学习中取得了较好的效果。这种方法对我们是很有借鉴意义的，但我们不能将它完全搬过来，因为他们宣扬的道德和我们的道德在内涵上是有很大不同的，这就需要对道德的含义进行替换。因此，转化前后的文化总是存在一定的“共同语言”的，这个共同之处，就是利用价值之所在。找准了这个共同点，就找到了发展我国校园文化的突破口，就是真正有效地正确地利用了西方国家的校园文化。

（三）依据现实需求，取长补短

我们学习、利用西方国家的校园文化，并不是说我们自己的校园文化一无是处。事实上，经过近几十年来的发展，我国高校校园文化已经取得了不少成绩，达到了一定的水平。但是，比起西方国家校园文化的发展建设，我们要滞后许多。而且“尺有所短，寸有所长”，各国的校园文化都有自己的强项和弱点，利用西方国家的校园文化，就是拿别人的长处来弥补自己的不足。因此，学习研究西方国家校园文化的最终目的，就在于取长补短，来发展我国的校园文化。依据现实需求，取长补短，也是我们为了发展某个地域文化而研习其他地域相同或类似文化的一个普遍原则。具体而言，要努力注意做到以下几点。

1. 注意客观现实

任何文化都是生长在一定的土壤之中的，发展我国高校校园文化就要注意我国校园文化当前的客观情况。确切地说，是要弄清我们的“家底”，正确评估我们自己，对学校现有的基础设施、物质条件、人员素质、技术水平等有个基本的了解。注意客观现实，也是正确确定取补目标的重要前提。自己的基础和条件不够，在借鉴利用过程中就会处处受限。

例如，对于别人的先进管理经验，你研习得再透，在转化上做得再好，如果缺少高科技的管理人才、缺少民主管理的制度环境，这些经验就不能被推广应用，更谈不上有效利用。可以说，我国高校的现实状况制约着我们利用西方国家校园文化的内容和形式，只有注意了这些客观现实，才能利用现有条件，解决更多实际的问题。

2. 了解发展需求

正是由于发现了我们的不足，才产生利用西方国家先进的校园文化的需求，也只有不断满足这些需求，才能取得校园文化的发展进步。了解发展需求，也是研习、利用西方国家先进的校园文化及建设经验的前提。只有真正了解自己的发展需求，才会在学习、研究过程中有针对性地选择相关内容，不至于主次不分，不顾轻重缓急，眉毛胡子一把抓。我们要针对自己的发展需求，有的放矢，提高学习、研究、借鉴、利用的效率。不能一见别人的积极内容、有益经验就拿过来，因为在许多方面，我国的校园文化已经发展到了相当高的水平，如在校园文化的精神文化建设中已经形成了一个较完整的体系，在近期内没有仿效他人的必要。而且，与其锦上添花，不如雪中送炭，我们要利用好有限的经费和资源搞好我们的薄弱环节建设，谋求整体发展。

3. 端正对“长”与“短”的态度

要认识到长处和短处在一定时期、一定范围内的相对性，对自己的短处要有正确的认识，既不能抱残守缺、不思进取，也不必背上思想包袱，整天处在危机的高压之下，应该做到既重视它并努力寻求改变的方式和途径，又要藐视它，增强自己改变这种落后面貌的信心。

对于别人的长处，我们要虚心学习，但不能只是就事论事，仅仅盯住现成的成果与经验，而应以长远的眼光来看待，要分析他们的建设成果取得的原因，探寻其生成机制，找到其长处的关键与实质，从而做到举一反三，解决更多的类似问题。

对于自己的短处，也要在正视它的基础上，分析各种主客观原因，深挖其产生的根源，并通过对比研究，找到在校园文化方面因此种原因而出现的失误并最终全面解决。不能简单地拘泥于一个方面仅做眼前的初步改变，而要从根本上彻底解决问题。

此外，对于长处和短处要全面地辩证地看，要充分认识到“长中有短，短中见长”。在取长补短之时，也不是全面地更换，而应保留“短”中之长处、剔除“长”中之短处。

五、坚持借鉴学习别国经验与自力更生、不断创新的统一

一方面我们要加强与国外大学校园文化的交流，但另一方面我们也必须注意到，国外大学校园文化既有许多宝贵的经验供我们借鉴，也有许多不足和教训值得我们吸取。我们在借鉴和模仿的同时，更应该与本国、本校的实际相联系，适合移植的才移植，但更多的应该是借鉴和创新的结合和统一。

美国的高等教育和高校的人才培养就是在借鉴与创新的统一中发展并成熟起来的。但美国高等教育的发展不仅仅是长期学习欧洲的产物，更是将欧洲教育合理移植、嫁接到美洲大地并施以创新的营养而结出的丰盈之果。

从美国高校学习欧洲的历程中我们可以看到，机械模仿和全盘照搬不能维持长久的发展。因此，我们在加强与国外大学校园文化交流时，既要充分利用好他们的经验，也要认真吸取他们的教训。只有坚持借鉴学习别国经验与自力更生、不断创新的统一，才能让我们的校园文化发展得更好。

总之，在利用西方国家先进的校园文化经验过程中，我们要切实做到以下几点。

①用正确的思想理论来指导，对其分析鉴别，严把质量关。

②要根据自身文化的特点要求，做好文化间的移植和转化工作，从而有效提高利用率。

③从自身的现实状况和实际需求出发，切实做到取人之长，补己之短，增强针对性。

只有这样，才能切实体现出我们投入的价值，才能落实我们学到的东西，才能有效地利用国外高校的校园文化。学习、研究、利用西方国家校园文化的目的与意义就在于发展我们自己的校园文化，实现最大程度上的突破和超越。我们完全有理由相信，通过我们的虚心学习和努力奋斗，一定可以建设出世界一流的校园文化来。

第五章　我国校园文化建设的现状

自改革开放以来，我国高校校园文化建设进入新的发展时期。经历了多年的发展，我国校园文化建设取得了一定的成就，但在发展的过程中也存在一定的问题，只有探究出问题形成的原因，才可以更好地建设校园文化。

第一节　我国校园文化建设取得的成就

一、校园文化彰显时代特色

校园文化是社会文化的重要组成部分，是对社会文化的一种映射。校园文化会受到多种因素的影响，同样也面临着艰巨的任务。校园文化伴随着我国的经济建设出现了空前繁荣的景象。校园文化活动不仅仅是指文艺活动，还包括不同形式的体育活动、社团活动等等，展现出当代大学生的精神面貌。文学社、书画社、吉他协会、健美协会、足球协会、棋类协会、探索者协会、外语角、记者团、科技兴趣小组、社会信息咨询中心等社团层出不穷，吸引着各种业余爱好者。不同类型的文化活动形式被注入新的内涵，丰富多彩的校园文化活动，丰富了学生的业余生活，创新了学生的思维。校园文化彰显时代特色，主要体现在以下三个方面。

（一）教育特征日益明显

校园文化的发展使校园文化的教育特征更加显著。在过去，单一的课堂教学是高校实现教书育人功能的主要方式，在这种模式影响下的高校师生会拘泥于有限而固定的课堂教学，既影响了教学效果，也限制了高校学生的全面发展。自改革开放以来，我国的教育事业不断地发展，校园文化建设也取得了长足的发展。

校园文化建设的发展丰富了高校育人的渠道，强化了校园文化对学生行为规范的引导，使得新时期下校园文化建设的教育特征更加显著。

（二）引领作用逐步增强

新时期高校校园文化的引领作用得到全方位发展。在新时期，新情况、新问题的出现迫切要求高校校园文化发挥积极的引领作用。这些新情况、新问题具体表现在两个方面。

第一，社会的转型带来了社会价值的多元，旧的价值观念、价值标准受到挑战，新的价值观念、价值标准还没有完全确立。

第二，科技的进步使高校学生获取文化知识的途径更加宽广，各种外来文化与中国传统文化都进入了他们的视野，特别是网络技术的飞速发展使高校师生从原有的知识传递模式中解放出来，但是网络上的有些文化信息是“假、丑、恶”的。于是，新时期高校校园文化按照“真、善、美”的最高的价值目标与理想，对社会现实文化现象进行分析，对“假、丑、恶”的文化现象进行鞭笞，对各种社会力量进行凝聚和整合，从而引导高校师生积极向上，引领社会文化健康发展，发挥先进文化的作用。所以，在新时期的高校校园文化建设过程中，高校校园文化的引领作用逐步增强。

（三）创新能力逐步增强

新时期高校校园文化的创新能力逐步增强。新时期高校校园文化的创新能力得以增强，是在外在压力与内在动力的共同驱使下实现的。一方面，时代的变化与社会的发展，直接促进高校校园文化的创新与发展。高校校园文化作为一种社会存在，总会敏锐地洞察社会的当前变化与未来走向，从而主动地进行文化创新，为整个社会的发展不断提供人才支持与知识贡献。另一方面，当前国际竞争日趋激烈，竞争局面的形成无疑给高校带来巨大的生存压力与发展压力，面对这种情况，高校为了应对竞争的压力，实现学校的发展，将外在的竞争压力转换成内在的创新的动力，自觉地进行文化创新。

校园文化建设，不能迷信权威，不能停滞不前，要不断地进行摸索，确定创新的观念，敢于创新，勇于创新。建立健全文化创新人才机制，为校园文化建设奠定良好的基础。改善校园环境，创造良好的舆论氛围，使学校的每一个人都积极拥护校园文化活动的创新，积极投身于校园文化的创新之中。丰富校园文化活动，满足不同水平的学生的文化需求。适当的校园文化活动有助于学生放松身心，缓解压力，促进学生的个性的发展。

二、校园物质文化环境逐步改善

（一）人文环境

随着社会的进步，国家对高校投入的增加，校园环境对陶冶学生情操、塑造美的心灵的作用已为越来越多的高校领导所认同。在此形势下，校园的特色建筑、布局、园林绿化等都在向美的境界靠近，美能启真，美能辅德，美能益智，美能促体，美育蕴含在育人的全过程中。大学校园中的一石一砖，一草一木，无不浸溢着特定的文化美，无不发挥着育人的功能。

校园物质文化建设所取得的成就主要体现在两个方面。一方面是校园规划更加科学，布局合理化。很多高校为了自身更好地发展，一般会制订长远计划，以期实现学校的长远发展。另一方面是校园文化艺术景点审美感突出。景点一般是指校园的标志建筑、雕塑、纪念亭等，这些标志景点见证了学校的发展历程，具有丰富的文化内涵，会对学校的师生产生无形的教育与激励作用。近些年，我国高校的校园雕塑逐步多样化和丰富化。这些校园雕塑，不论是人物雕塑还是抽象性的“象形”雕塑，都会激励高校师生对真善美的追求。这些人物雕塑所依据的现实生活中的人，或积极推进了社会历史的发展，或对高校的繁荣做出了不可磨灭的贡献，或为某一学科做了奠基性的工作。可以这样说，这些人物雕塑，一方面表达了后人对他们的崇敬，另一方面又激起学子献身于伟大事业的热情。一些“象形”雕塑则以抽象的艺术手法来反映某种特定的精神特质，激发师生们的创造欲望。

总而言之，新时期我国校园物质文化建设取得了一定的成绩，物质文化内涵的丰富，彰显了我国新时期的价值理念。

（二）文化载体

校园文化载体是校园文化活动的主要场所，也是开展校园文化的重要前提。近年来，在国家与政府的支持之下，高校里修建了大量的图书馆、广播站、体育场等，为校园文化的发展提供了更加广阔的舞台。

传统意义上的高校校园文化载体逐步配套。体育场馆、广播室、图书馆、宣传橱窗、实验基地等，都是高校校园文化建设的传统场所设施。随着中央、地方资金投入的逐步加大，这些设施大多得以更新、扩建，逐步与我国高校的发展规模、质量相匹配。

作为高校校园文化的重要载体，学生社团在高校的发展过程中也发挥了积极的作用。在新时期，教育主管部门和高校通过大力扶持理论学习型社团，热情鼓励学术科技型社团，正确引导兴趣爱好型社团，积极倡导社会公益型社团，为学生社团注入了新的内涵，使学生社团焕发了新的活力，从而确保了高校校园文化的正确发展方向。随着社会的发展和时代的进步，传统意义上的高校校园文化载体如革命教育示范基地、地理考察基地等等，已大大拓展出了地理意义上的高校校园，实际上，新的时代已赋予这些传统意义上的高校校园文化载体以新的时代内涵。

新型的高校校园文化载体蓬勃发展。伴随着科技革命的蓬勃发展，一些新的文化传播工具和传播载体不断产生，并大大推进了历史的发展。作为新时代发展的一大引擎，高校抓住先机，利用这些新的工具、载体为教学科研、人才培养和社会发展服务。

网络是这些新文化载体的代表，特别是高校网络日益普及的今天，网上图书馆、校园网等网络设施建设，为高校校园文化的传播和高校师生思想、生活、情感的交流提供了一个全新的平台，于是，网络文化在高校校园文化建设中的地位越来越凸显，并进而影响到高校校园文化的主流。不过，作为一种新的校园文化载体，网络是把双刃剑：正确运用，就能丰富高校师生的教学与生活，增强学生的创新思维能力，又能成为传播先进文化的平台；错误滥用，则会使一些意志薄弱的学生沉溺于网络，荒废学业，又会成为社会文化发展中的毒瘤。因此要根据“趋利避害”的精神和“充分利用，积极建设，加强管理”的原则，用正确、积极、健康的思想、文化和信息占领网络这个阵地，同时防止一些人利用网络传播错误的思想和信息。

三、校园文化活动蓬勃发展

在新时期，高校校园文化活动的开展更加丰富、有序，高校校园文化活动实现了蓬勃发展，主要表现在三个方面。

（一）活动形式多样化

形式多样、内容丰富的高校校园文化活动，推动了新时期高校校园文化建设的蓬勃发展。朱熹在谈到知行关系时指出，“论先后，知为先；论轻重，行为重。”可见，实践在增长知识、锻炼才干中具有举足轻重的作用，同样，高校校园文化的实践活动对高校校园文化建设的成败也具有决定作用。在高校校园文化的实践活动中，高校校园文化活动是最基本的形式。

（二）活动形式合理化

学生在校园文化活动的内容与形式上有自主权，这是高校校园文化活动的最大的特点。伴随着市场经济的不断发展，高校学生的校园文化活动也受到不同程度的影响，主要体现在两个方面。

第一，与改革开放以前的高校学生相比，新时期的高校学生在参加社团、参与活动的选择方面，更加注重从自身发展的需要出发，更趋理性化和更趋务实化。

第二，这种理性化的倾向，还表现在高校学生服务社会、报效祖国形式的变化上。在这样一个以和平与发展为总特征的时代里，高校学生主动适应时代形势的变化，掌握祖国和社会的时代需求，逐步转变观念。在新时期，他们在服务社会、报效祖国的形式上，从注重口号的喊出、信念的灌输转变为从身边事做起、侧重实践，即从“大处着眼，小处着手”，爱心社、青年志愿者活动在高校的盛行就是理性化选择的突出表现。

（三）活动形式健康化

高校校园文化建设是以知识文化水平很高的高校师生为主体的，理应成为先进文化的辐射源和弘扬主旋律的重要阵地。

近年来，校园文化建设顺应历史的发展潮流，反映中华民族优秀文化传统，弘扬培育民族精神；国家相关部门以及各地的高校，积极组织大学生参加各种实践活动，精心设计各种有益于大学生身心发展的校园活动与实践活动，将德育、智育、美育等与校园文化活动相结合。在国家重大节日时，高校积极弘扬主旋律，深入开展实践活动，使校园文化活动呈现积极向上的健康面貌，使高校的师生得到精神上的升华，提升学生的素质。

四、校园制度日趋规范

（一）校园文化融入学校发展规划

校园文化是为教育服务的，为社会文化服务的，为实现社会主义现代化建设服务的。校园制度文化建设是校园文化建设的重要组成部分，也是确保校园文化建设的重要制度保障。高校的领导有责任也有义务，加强校园制度建设，确保制度的规范性与有效性。

高校重视校园文化建设，将校园文化建设纳入学校发展的总体规划中。学校的总体规划要依据相关法律、法规、发展计划等，结合学校的实际情况，为学校的长远发展奠定基础，提供制度上的保障。

（二）校园文化管理手段规范化

高校的指导性机构逐步制定校园文化建设的各种管理规章制度，加强对学生组织与社团的指导与管理，从日常的学生活动到学校的贴吧、论坛等加强管理，有助于抵御网络上的一些不良侵害，提高学生的鉴别能力。

高校校园文化的管理职能的转变，使校园文化的管理逐步向法制化、规范化的道路迈进。

内部平等、轻松、流动的特点，使学生社团成为学校信息的聚散地，成为各种信息、创意的碰撞地，成为社团成员的“创新场所”。在长期目标与短期目标的有机结合中，学生社团在稳妥的可持续发展中实现自身价值，成为高校发展不可或缺的一种资源。学生社团的这些优点，使它们在近些年得到了迅猛发展。不过，为了保障学生社团的健康有序发展并发挥其有益价值，就必须加强对学生社团的正确引导与管理，必须加强管理制度的建设。于是，近些年各高校都制定了许多积极有效的规章制度，加强学生社团申请和登记制度，完善社团队伍的管理制度，加大社团活动的监督与评估，使高校校园文化制度管理日趋完善。

五、校园精神文化不断完善

在新时期，高校应积极倡导高校校园精神文化，使之呈现出奋发向上的面貌。这种奋发向上的面貌主要体现为大学精神、大学理念被积极提倡和高校的校风、校训、校歌、校徽、校标日益特色化。

（一）文化精神得到重视

新时期高校校园精神文化建设所取得的成就，主要体现在积极的奋发向上的大学精神、大学理念受到重视并得以提倡。大学精神是高校师生员工所应共同具有的价值取向、人生态度与道德观念的高度浓缩，大学理念是一所高校的办学理念，它们都是一所高校的历史传统、人文精神与办学风格的集中体现。在21世纪，高校的变革将比以往任何时代更加重要，更能彰显出它对于社会经济发展等方面的重要性，而大学精神、大学理念的变革在高校的变革中又起着先导作用。由于大学精神、大学理念既是一所高校校园文化的历史积淀，又是一所高校面向未来的办学指南，所以，新时期的大学精神、大学理念首先要批判继承传统大学精神、大学理念。中华人民共和国成立后，我国高校的办学性质和办学目的发生了根本变化。

（二）文化精神建设特色化

校风、校训、校歌、校徽、校标是大学精神、大学理念与高校的历史积淀、现实特点相结合的产物。校风、校训是大学精神的具体表现和外在彰显，其用语是高校规定的对高校师生具有指导意义的词语，是高校着意建设的特有精神的表征。风气是多数人的行为习惯、价值取向，可以潜移默化地影响人们的思想和行为。校风对高校师生的影响也是如此。作为高校办学传统的核心内容，校训是高校群体价值观的精华，是高校校园文化的灵魂，对高校师生的行为具有导向作用。

自中华人民共和国成立以来，我国的高校基本上已经确定了校风与校训。良好的校风与校训是学校形象的体现，可以起到教育学生、凝聚师生的作用。高校的校训有着一定的历史渊源，体现了大学生精神与学校的历史。校歌、校服、校徽都是学校在发展过程中的历史沉淀与具体表现。

加强对校风、校训、校歌、校标等的建设，激励师生修身养德，服务社会，共同致力于学校的校园文化建设。

第二节　我国校园文化建设中存在的问题

一、校园文化价值取向缺失

校园文化价值取向是校园人在社会生活中形成的价值观，是校园文化构成的关键所在。在对校园文化进行引导的过程中，校园文化建设取得了一定的成就，但是存在一定的价值取向缺失。

（一）抵制意识形态渗透工作存在薄弱环节

意识形态斗争性加剧。意识形态的阶级性决定了意识形态具有斗争性，不同意识形态之间的相互斗争，构成阶级斗争的一个重要内容。纵向来看，在社会形态更迭时期和社会的转型时期，新旧意识形态之间发生的斗争尤为激烈，实行改革开放的中国，正是处于新旧体制转型的关键时期，横向来看，和平年代，各国之间的各种矛盾和冲突都不再诉诸武力解决，而是在意识形态领域突显出来，意识形态的斗争更为激烈。当下，国际意识形态领域的斗争一改它往日的形式，披上了“和平”的外衣，西方资本主义国家利用遍布全球的网络等传媒对我国进行意识形态渗透。

意识形态渗透性增加。渗透性是意识形态的一个重要特征，意识形态通过向社会心理、自然和科学、经济领域等方面的渗透影响着整个社会生活。

在传统社会中，由于经济的落后与技术的不发达，很多社会意识形态相对封闭，没有针对性，也没有科学性，缺乏持续性，不能对当时的社会主流意识形态构成影响。在新时期，经济的发展、科技的进步，为主流意识形态的传播提供了便利的条件，尤其是互联网技术的发展，使各种意识形态出现在国人的面前。

新时期的意识形态正在慢慢地在现实生活中发挥作用，伴随着我国全球化脚步的加快，我国的意识形态领域也随之发生了变化。20世纪中期，西方的意识形态的渗透，影响了我国意识形态的发展，我国有一部分人没有抵御住诱惑，因此有必要加强我国的意识形态的建设，形成独立自主的中国特色。

意识形态控制问题是从古至今政治领域都要面对的问题，因此，消除一种意识形态意味着要推翻一个制度。意识形态作为国家政治的重要组成部分，对于国家建设具有重要意义。意识形态与政治权力往往关系密切。意识形态是一种认识现实世界的图式，一种上层建筑，一种鼓舞和规范人们行为的力量，一种社会黏合剂。马克思主义的主流意识形态对于社会主义和谐社会建设无疑十分重要。

在当今意识形态斗争不断加剧的背景下，统治阶级有效地进行意识形态控制就更为重要，特别是在社会改革或历史变动时期，意识形态控制成功与否，直接关系到改革的成败和政权的兴亡。而我国正处在这样一个关键时期，进行意识形态研究的课题也就提上了日程。意识形态建设就不能不重视高校这一文化阵地，不能不重视对高校学生的意识形态整合。

在我国改革开放以前，高校比较封闭，因此，自上而下的意识形态教育和灌输的传统意识形态控制方式在高校非常有效。而在网络新闻媒体发达的今天，传统的意识形态控制方式受到威胁，在全球化、现代化、市场化的境遇下，我国高校的意识形态领域面临着有史以来最大的冲击和挑战。随着高校在社会发展中作用的扩大和延伸，乃至影响着整个社会的发展和未来，加强对高校的意识形态控制是毫无争议的问题，而且极其重要和紧迫。既然传统的意识形态控制方式已不适应新形势的需要，就必须探索在高校进行意识形态控制的新的方式和途径。

（二）文化管理不健全

第一，校园文化建设缺乏统筹规划。缺乏长远发展的眼光，认识不到位，校园文化建设与学校建设的发展的总体规划相分离。高校校园文化建设混乱，没有全局意识，布局混乱，再加上受到客观因素的制约，高校的校园文化建设还需要进一步努力，想要实现一步到位的统筹规划还是过于理想化。没有统筹的规划，就没有实现校园文化建设的动力。

第二，校园文化建设缺乏组织管理机构。对于高校而言，学校的组织管理机构应该是完善的，这样工作才可以有条不紊地进行，如果缺乏相应的组织管理机构，就会缺少一定的管理与指导，在活动的组织中就会出现一定的随意性与无序性。

第三，忽视校园精神文化建设。过度重视校园物质文化建设，缺少对校园精神文化建设的重视。关于校园精神文化建设，在制订校园总体发展规划的时候，可能就会被忽视。很多高校注重形象工程，大力建设校园的硬件设施，重视校园物质文化建设。忽视对校园精神文化的建设，他们认为校园精神文化是虚拟的，是可有可无的，没有切实可行的标准来检验校园精神文化的建设成果，这种片面的想法使得我国的校园精神文化建设停滞不前。

高校校园文化建设包括物质形态与显性文化这两个方面，校园文化建设是这两个方面的有机结合，物质文化建设固然重要，但是精神文化建设依然不可缺少。精神文化是校园文化的核心所在，也是物质文化建设所要实现的最高境界。尽管以往的校园文化注重物质文化建设，但是也不能忽视精神文化建设，否则会影响校园文化的整体建设，导致校园文化建设结构不合理。

高校校园文化的创造主体是具有一定文化层次的教师与学生，高校校园文化建设应该是健康的、积极的。但是，纵观我国高校校园文化建设的现状，依然存在一定的问题。与高校的文化层次不相符的文化现象依然存在，对于高校的校园文化建设存在一定的威胁。

二、校园文化建设矛盾加深

（一）创新与传统

校园文化的创新发展与传统文化之间存在一定的矛盾。前人所创造的校园文化，是当时的文化积累，在不断的发展过程中，逐渐成为一种习惯，人们习惯了遵循传统，阻碍了文化创新的发展。

伴随着我国经济的发展，我国的高校校园文化建设已经转向大众化教育，高校的传统价值观念以及行为规范已经不适应时代的发展要求，校园文化的传统与创新之间的矛盾也逐渐加深。

在过去计划经济的影响之下，从招生到工作都是由国家统一分配，这样的校园文化很明显已经不再适用于当今的高校的校园文化建设。在市场经济体制的影响之下，要适应市场经济的发展，传统的校园文化应适当地加以创新。

创新也并不是一帆风顺的，也不是通过几项活动就可以确立的。创新必须要依靠校园的文化自觉与内化，对于不适应时代要求的传统校园文化加以剔除，克服传统思想文化的禁锢，将新的思想文化内涵内化在校园文化建设之中，再通过校园文化实践活动体现出来，使得校园的传统文化与创新文化可以共同发展。

（二）文化建设与实际需求

高校的文化设施与文化活动不能满足广大师生的文化需求。高校的招生规模不断扩大，学生数量逐年上升，但是教学设施却跟不上当前招生的速度，文化活动的资金投入逐年减少，不能满足师生的文化活动需求。

文化建设与实际需求不相符，就会制约学校的发展。为了更好地解决这些问题，就需要学校重视广大师生的文化活动需求，尽量开展形式多样的文化活动，根据当时的师生人数配置相应的文化设施，满足他们的文化需求。加强学校相关部门的思想教育，努力提升学校的文化活动水平，创建良好的校园文化活动氛围。

三、校园文化建设的理论难题

我国高校校园文化建设研究是单学科，研究者大都站在教育立场上来审视校园文化建设，缺乏社会学与历史学等学科研究者的参与，再加上参与研究的大都是学校的教师或者学生，有很强的针对性，但是没有充分的理论性。

高校校园文化建设是一个系统的工程，会出现不同的问题，需要不同领域和不同专业的专家、学者、学生等共同参与到理论研究之中。整合学术界的多方力量，进行综合的学术研究，已经成当前高校校园文化建设的重要课题。

四、校园物质文化建设的突出问题

改革开放以来，国家、政府重视高校的发展，使高校的校园建设得到了高速的发展，众多高校专注地研究制订校园的建设规划，努力拓展办学空间，设计学校发展的整体布局、建筑风格，积极投身于校园规划建设。但是在高校建设中出现一种建设误区——忽视校园的实际情况，追求大量的简单的建设模式。近年来，出现了很多高校合并的情况，在一些经济发展较好的地方，甚至出现了大规模的大学城，众多高校集中在一起。但学校的发展情况各有差异，办学特色各有千秋，不能一概使用相同的建设模式。

在高校校园文化建设的初期，各个学校的实际情况并不相同：有的学校历史悠久，有很深的文化传统，校园文化设施就会相对陈旧；但是有的学校正好相反，历史不长，因此校园建筑比较新。历史悠久的学校，在建筑上也有所体现，即便这些建筑设施不能体现当今的教育时代性，但是同样可以起到教育的作用，这样的建筑设施不能随意拆除，应该在保持原状的基础上进行简单的改造。

高校在建设新的校园的过程中，忽视了建筑的文化内涵的塑造，因此我们才会发现在很多学校出现相同的建筑，既没有特色，也没有文化意义，既不能体现学校的办学特色，也不能起到教育的功能，更不能提升广大师生的审美能力。

总之，各个高校在规划新时期校园建设的过程中既要尊重历史又要尊重时代发展，任何时期的校园文化建设都要重视校园文化设施建设。

五、校园制度文化建设的发展困境

（一）教育体制不完善

我国的高校的教育经过多次的改革，依然存在一定的问题，例如，封闭办学、资源配置不合理等。我国的经济发展越来越好，教育体制也要越来越完善。我们要着力推进教育改革，探索不同的教育形式，消除原来的教育体制的弊端。

不可否认，我们的教育改革已经取得了一定的成绩，但是与理想的状态还存在一定的差距。教育体制的不完善，严重影响了教育质量的提高，阻碍了高校的教育事业的发展，同时也阻碍了校园文化建设的步伐。

（二）学生管理制度不健全

学校管理制度不完善，奖惩与激励机制都存在一定的问题。学生社团是高校校园文化建设的重要组成部分，学生社团的种类与规模在不断扩大，但是对于学生的管理机制却没有得到充分的发展。

学生的管理工作不能只凭几个人的一腔热血，没有响应的管理机制与监督机制，就会磨灭工作人员的热情；没有响应的奖惩与激励机制，就会显得学生的管理工作很混乱，不利于优秀的工作人员的发展，也不利于学生的健康发展。加强学生的管理工作迫在眉睫。

六、校园精神文化建设的时代困境

校园文化建设的目标不明确，思路不清晰。高校的校园文化建设应该有明确的目标，避免出现校园文化建设的盲目性与被动性。我国的高校的价值取向一直趋向于科技建设，忽视人文建设。校园文化建设没有与人文建设更好地结合在一起，也就谈不上承担人文教育的责任。

校园文化建设与科学教育分离，不能与专业教育相结合，更不能与科技活动相结合。当前的校园文化还是集中在生活文化层次上，看似丰富多彩，实则没有核心，校园文化活动与学生的成长没有联系，丢失了原来的教育意义，只重视物质文化的建设，而忽视了精神文化的建设。

主流价值体系弱化。以马克思主义、毛泽东思想、邓小平理论、“三个代表”重要思想和科学发展观为主要内容的主流意识形态在校园文化中占据着主导地位，然而，在对外开放的条件下，多元文化尤其是外来文化对主流意识形态的冲击和对先进文化前进方向的干扰是不容忽视的。随着市场经济的发展和人们物质生活水平的提高，一种以满足大众精神需求和娱乐消遣为目的的流行文化在高校校园流行起来，经济因素越来越成为学校教育中的思维支点，使高校师生走向忽视精神世界和价值判断的道路。马克思主义理论的教育停留在显性教育阶段，没有很好地融入学生的日常生活管理、社会活动和文化活动中，也没有引导学生自觉地思考人生目的、人生价值、人生理想等人生课题，进而确立马克思主义信仰。如何进行校园文化建设和加强流行文化的引导，不断提高大学生的文化品位和文化素养，是高校校园文化建设中的新课题，高校思想文化建设面临着复杂而艰巨的任务。

高校校园文化同传统校园文化相比呈现出新的特点，突出表现在：一是校园文化与社会文化之间出现“一边倒”的失衡现象。社会文化对校园的渗透力加强，而校园文化对社会的辐射力却不如以前，社会文化一次又一次地对校园文化进行冲击，在大学里不断出现“经商热”“炒股热”，而社会上却难以找到校园文化的影子。二是校园文化活动的商业色彩日益增强。大学校园文化活动作为大学校园文化的显性倾向性表现，在一定程度上反映了大学校园文化的现状。目前，表面看来风风火火的校园活动，其实掩盖了校园文化自身特点日渐变弱的实质。分析来看，市场经济对大学校园文化最大的影响，就是校园文化的精神价值、引导功能在它面前变得疲软无力，校园精神自觉不自觉地在发生变异，短期行为的功利、实用对大学生具有无穷诱惑力。

大学校园文化应在这种背景下，逐步走出象牙之塔，在与社会形态的契合之中，在与市场经济的磨合之中，越来越理性地寻找自己的立足点和结合点，开始自己的探索与创新之路。

第三节　我国校园文化建设中问题产生的原因

一、校园文化建设中问题产生的根本原因

（一）经济落后

经济发展水平的落后是校园文化建设中出现问题的根本原因。上层建筑是由经济基础决定的，校园文化建设也需要经济的支持，学校的规模与层次也由经济水平所决定。

自改革开放以来，我党领导我国人民开创了有中国特色的社会主义现代化建设新局面。我国的社会主义市场经济体制越来越完善，经济得到了充分的发展，经济的发展为我国高校的校园文化建设奠定了良好的基础。尽管与发达国家相比，我国的经济发展水平还是存在一定的差距，但是也可以为新时期高校的校园文化建设提供一定的经济支持。经济水平落后影响校园文化建设主要体现在三个方面。

第一，不能为高校校园文化建设的理论研究提供充分的物质支持，影响高校校园文化理论建设。

第二，不能为校园文化建设提供物质文化载体，使得图书馆、运动场、实验室等文化活动设施短缺。

第三，不能提供充足的经费支持。很多校园文化活动没有充足的经费的支持，就无法进行，校园文化活动的水平也就无法提升。

经济发展水平落后就无法提高校园文化建设水平，成为多种问题串珠出现的根本原因。

（二）市场经济体制不够完善

1. 市场功利导向的不良影响

市场的功利导向，使得新时期高校校园文化建设出现的问题复杂多样。市场是一把双刃剑，而不是万能的，所以，以市场为调节手段的市场经济的运作，对新时期高校校园文化建设既会产生积极的影响，又会产生消极的抑制作用。这些消极影响主要表现为以下几个方面。

第一，盲目推崇金钱至上的价值取向。市场的运行的限度与空间有一定的

限制，如果随意夸大它的作用，就会将市场经济的运行模式完全地应用在校园文化建设中，甚至会产生不良的影响。

第二，部分学校的领导将工作业绩视为自己升职加薪的跳板，不注重校园文化建设，一门心思扑在学校的形象工程的建设上。很多教师不将重点内容在课堂上讲解，而是放在自己的校外时间，开设所谓的补习班，榨取学生的钱。这些行为与校园精神文化建设的追求目标背道而驰。

第三，有人将集体主义视为落后主义，对先进的精神文化进行冷嘲热讽，打击学校的文化建设的主旋律。在市场经济体制还不是十分完善的情况下，将高校的教育进行市场化的运作，背离高校校园文化建设的初衷。

2. 社会主义市场经济体制的不完善

新时期校园文化建设中产生的问题更加复杂、普遍，更加突出。在党和人民的共同努力下，中国基本建立了社会主义市场经济体制，在构建一个全面发展、高度繁荣的社会方面取得了很大的进步。建立并完善社会主义市场经济体制，为建设新时代的校园文化增添了新元素和新面貌。具体体现在以下几个方面。

第一，社会主义市场经济体制的确立，使校园文化的建设从理论走向实践，与实践的结合更加密切，更加注重市场意向。

第二，社会主义市场经济体制改变了大学生的就业模式，加强了校园文化对市场的适应性。

第三，社会主义市场经济体制的建立，使学生和学校的联系更加密切，竞争机制的引入，使高校校园文化建设焕发了生机与活力。

经济发展的相对水平低，市场功利主义和社会主义市场经济体制的不完善，是新时代的校园文化建设中许多问题产生的内部基础。

二、校园文化建设中问题产生的宏观背景

经济全球化与信息传递高科技化为新时期高校校园文化建设提供新环境。经济全球化很多时候以文化交流的形式来实现，这就使得高校师生能够迅速获取东西方各民族的文化成果，并在批判的基础上进行文化的借鉴。信息传递高科技化使得不同文化的交流变得更加快捷和更加容易，这就为新时期高校校园文化建设建立了文化交流的“信息高速公路”。

在这样的时代，校园已成为各式各样的文化交流和冲突的中心；在崭新的时代，校园文化构筑变得五彩缤纷。但是，经济全球化给人们带来的不仅仅是

甘露，也有苦涩的果实。重要的一点是，简化和所谓“统一”的过程，必须通过消除人类文化的多样性的考验，重新构筑新的文化概念和模型。可以说世界文化再次进入了过渡期。当我们认真研究世界各国的文明成就时，我们必须遵循原则，善于从其他国家和民族的优秀文化中汲取营养并发展自己。

校内外文化交流的频繁使一些新观念、新取向涌入校园，进而影响到新时期的高校校园文化建设。

高校功能的拓展使新时期高校校内外文化交流更加频繁，进而使得新时期高校校园文化建设面临更为复杂的情况。随着经济的发展和社会的进步，高校也逐步拓展其功能，即从单纯的“教与学”到“教学、科研、开发、国际交流”的结合。于是，高校与社会的联系越来越密切，社会文化观念、文化思潮传入校园的速度也越来越快捷。这些文化观念、文化思潮，既有精华，也有糟粕。金钱至上观念、及时行乐主义、等级观念等品味较低、危害较大的文化观念、价值取向，冲击了高校文化主旋律的倡导，混淆了部分高校师生的文化价值观念，进而阻碍了新时期高校校园文化建设的健康发展。

随着高等教育体制改革的不断深化和高校后勤系统社会化的逐步推进，传统意义上的高校校园成为一个独立的社区，并形成自身的文化特色，不同社区之间的文化交流与传播会使新时期高校校园文化建设面临更加复杂的情况，并产生许多新的问题。

总而言之，不同的文化交流促进了校园文化建设，但是同样使得校园文化建设的过程更加复杂，产生了很多新的问题。

三、校园文化建设中问题产生的意识原因

（一）认识不到位

认识对实践有指导作用，校园文化建设需要有正确的认识做指导。由于教育的特性，不同群体对高校校园文化在认识上存在一定的偏差。

教育者对校园文化的作用与功能认识不到位。很多高校的领导，对于校园文化建设的态度存在偏差，不重视校园文化的建设。校园文化建设应该是从每一个文化载体到每一项具体活动都应该有明确的指导思想和所要达到的目标及效果，都应该有组织、有计划、有步骤地进行。

有人认为，学校是学习的地方，不能进行休闲活动，开展校园文化活动就是不务正业。也有人认为，课外活动是一种适当的放松活动，课外活动的多少都不会影响学校的发展。

这些片面的观点都对校园文化的建设造成了消极的影响。学生不能只会读书，而缺乏实践能力、创新能力、动手能力。教师不能依靠学生的理论成绩评定学生的好坏。学生如果对时事政治、校园活动失去兴趣，那么全民倡导的素质教育也就失去了原来的意义。

如果从学校的领导到学生都不关心校园文化建设，那么就没人会关心了。教育者没有充分认识到校园文化对学生、学习、发展、教育、社会文化乃至社会主义现代化建设的意义，就会造成校园文化建设停滞不前，甚至是落后的局面。只有全面、深刻地认识理解校园文化的功能，教育者才会积极参与、热心支持并大力倡导这种先进的文化。

（二）传统教学观念

我国的部分高校存在严重的教材陈旧、知识老旧的现象，使得大学生学习的知识非常有限，很难培养创新精神与综合能力，影响校园文化建设。

由传统的教育观念与教学理念支配的教学活动，限制了新时期的高校校园文化建设，教育者也会忽视教学的价值追求与学生的能力的培养。这样的教育观念往往是片面的，只关注表层，难以形成校园主旋律的认同。

在传统的精英主义教育理念的指导之下，教师只关注少数的优秀者，对于普通学生不闻不问，少数的优秀者参与校园文化建设的力量毕竟是有限的，大多数学生没有参与的热情，对校园文化建设同样没有任何帮助。

传统的教育理论只关注教师的教育，忽视学生的主体性，强调知识的灌输，忽视学生的能力培养，这样的教育模式教育出来的学生极度缺乏创新能力，从而导致了高校校园文化建设模式的趋同。

传统的课程教学中，教学内容陈旧，教育形式落后，教育方法不当，这与当今的时代发展严重不符，不能培育出时代所需的人才。

校园文化建设中出现的众多问题，认识上的偏差是主要的原因，再加上实践上的原因，使校园文化建设出现严重的问题。

第六章　校园文化建设的导向与管理

校园文化建设是一种特殊的管理工作，校园文化建设的导向与管理关系到教育的质量，管理职能发挥是校园文化建设达到预期目的的基本保证，从一定意义上说，校园文化建设本身就是一种管理，是一种“文化管理”。

第一节　校园文化管理的目标、原则与策略

一、校园文化管理的目标与意义

（一）校园文化管理的目标

所谓“管理目标”，就是管理组织系统在一定时期内预期要达到的目的和取得的成果。素质教育是根据人的发展和社会发展的实际需要，以全面提高全体学生的基本素质为根本目的，以尊重学生的主动精神、注重开发人的智慧潜能、注重形成人的健全人格为根本特征的教育。素质教育需要与之相适应的校园文化，校园文化需要与之相适应的文化管理。这种管理我们称之为“主体性校园文化管理”。我国学校校园文化管理的根本目标就是，以党的基本路线为指导，根据我国社会主义教育方针和有关政策法规，用积极健康的思想占领校园思想文化阵地，全面推进素质教育，提高师生员工的思想道德素质和科学文化素质，培养德、智、体、美、劳全面发展的社会主义事业的建设者和接班人。

以全面推进素质教育为宗旨的主体性校园文化管理，其目标可分为宏观、中观和微观三个层次。

1. 宏观管理目标

宏观管理目标是全局性的，指党和国家及各级教育主管部门对各级各类学校校园文化建设提出的总目标。它要求校园文化建设必须在中国共产党的领导下，坚持走社会主义道路，坚持改革开放，代表先进文化的前进方向，贯彻党和国家的路线方针政策和教育法规，自觉抵制一切腐朽文化的渗透和浸染，在校园文化建设的过程中全面推进素质教育，培养德、智、体、美、劳全面发展

的社会主义事业的建设者和接班人。宏观管理目标具有统揽全局的指导意义。

2. 中观管理目标

中观管理目标是分门别类的，是指特定学校在有关部门对各级各类校园文化建设原则要求基础上提出的本校校园文化的建设目标。它包括校园物质文化的建设目标、校园制度文化的建设目标、校园精神文化的建设目标等。中观管理目标具有承上启下的作用，其核心是文化价值观，它决定着校园文化建设的内容、规模、形式和特色等。

3. 微观管理目标

微观管理目标是就特定工作或活动而言的，指学校校园文化的专兼职管理机构对本校所开展的各方面校园文化建设工作所制定的具体目标。作为宏观管理目标和中观管理目标的体现，微观管理目标是具体化了的校园文化建设目标，是落实校园文化建设的关键。微观管理目标通常具有可操作性和可视性的特点，素质教育宗旨和主体性管理目标就是通过各种具体管理活动得以落实、推进的。主体性校园文化管理强调在校园文化活动中要给每一个学生提供充分的锻炼机会，使他们不失时机地展示自身的潜能和风采，从而最大限度地激发学生的创造性和潜能，使之成为具有创新精神和实践能力的全面发展的人才。

显然，在文化学和管理学的视野中，校园文化并不是仅仅作为一种背景陪衬于学校的教育教学活动中的，相反，学校全部的教育教学活动只是校园文化的一部分，校园文化既是校园师生员工进行各种活动的“背景”，又是校园师生员工正在进行的全部“实践”。从前者说，如同国家建设需要一个安定团结的政治局面和良好的社会秩序一样，青年学生的成长同样需要一个良好的校园文化环境。校园文化建设的出发点和归宿就是有利于学生的健康成长，确保学校职能和教育目标的实现。从后者说，学校的一切工作尤其是师生员工的正在进行中的思想和行为都在切切实实地影响学生的成长，因此，校园文化始终贯穿于学校建设的各个方面和整个过程之中。

（二）校园文化管理的意义

校园文化管理的意义，就是在校园内创设一种良好的环境，以积极、正能量的影响、教化甚至是要求、规范教育校园师生员工对人生真谛的追求，完善学生的人格，促进社会的健康发展。

二、校园文化管理的原则

校园文化建设中抽象出来的基本原则，是所有校园文化建设中所共同具有的和应当遵循的基本要求。而校园文化建设策略，则是在遵循校园文化原则的基础上，根据各学校具体的实际情况而提出的策略。策略的提出必须以对学校实际的透彻了解为前提。因此，这里主要阐述一般原则。

（一）统筹兼顾与主次分明

办事要分轻重缓急，管理要有目标效益。所谓“统筹兼顾”，是指在校园文化建设的过程中，必须把建设的对象和主体分别作为完整的系统来通盘考虑，统筹规划，保证所有校园主体共同参与，协调发展，防止顾此失彼。统筹兼顾原则包含两层意思。

第一，校园文化建设是一个系统工程。校园文化具有整体性与系统性，不能单独割裂，校园文化建设要纳入学校建设的整体规划中，统筹兼顾，从资金投入、人力资源配置等多方面进行统筹安排，协调学校建设的多方力量。

第二，要把学校党政的领导作用、教师的指导作用和学生的参与意识充分地调动和发挥起来，很好地结合起来，拧成一股绳。众所周知，领导的素质与其重视程度是关键，调动和充分发挥教师的积极性与指导作用是搞好校园文化建设的重要条件，而学生是校园文化建设的重要主体。因此，只有充分调动全体师生员工的参与精神和积极性，校园文化建设才能顺利开展，并获得成功。

所谓“主次分明”，是指校园文化建设工作要有重点、分阶段地推进，切不可主次不分，胡子眉毛一把抓，更不可主次颠倒。强调校园文化建设的统筹兼顾，绝不是搞平均主义，统筹兼顾是在主次分明前提之下的统筹兼顾。在一定意义上，校园文化建设一个时期突出这个主题，另一个时期突出那个主题；这所学校强调这个方面，那所学校强调那个方面，这都是正常的，不能搞“一刀切”。在处理具体校园文化活动与“正常教学”的关系时，必须转变观念，用校园文化的新理念来统率这一“矛盾”。要明确：校园是传播新知识、创造新文化的场所；学生的基本任务是学好知识，掌握技能，练就现代化建设的本领；智能型知识文化是校园文化的主要内容，它是校园文化区别于其他亚文化的重要标志；“正常教学”与校园课外文化活动都是校园文化的一部分，它们的关系是系统内部的各要素的关系；而按课程计划系统地进行分科教学，是校园智能型知识文化最基本的表现形式。迄今为止，人类优秀文化的继承和传播在学校主要是通过课程教学形式来完成的，有计划的有系统的分科教学将为学生的文化素质打下深厚的基础，“学生以学为主”，这是为无数正反历史经验所证明了的基本结论。因此，正如一首交响乐有“主旋律”一样，“正常教学”及其活动形式就是校园文化的主旋律，其他活动形式既不可喧宾夺主，更不能取而代之。正确的做法应当是，在维护正常教学及其秩序的前提下，积极地推进多样化的校园文化建设活动。这样说并不排除在特定条件下也可以把其他校园文化活动置于中心位置。比如举办全校性的艺术节、一年一度的运动会、重大节日庆祝活动、集中性的生产劳动和社会实践活动等，这时候，为了提高活动的效率而全力以赴，哪怕是停课若干天，也是正常的。

衡量统筹兼顾与主次分明原则把握得如何，关键是要看校园文化活动的效益如何及校园文化建设的目标是否顺利达成。

（二）动静有序与循序渐进

世界是物质的，物质是运动的；运动是绝对的，静止是相对的。一切事物都在按某种秩序和状态发展着。所谓“动静有序”，是指在校园文化建设的过程中要正确处理“改革发展与稳定”的关系，在改革发展中保持相对稳定，在稳定中求得更好的发展。既反对停步不前，又反对无序冒进。校园文化在其形成和发展过程中，始终处于不断向前运动的状态中。校园文化建设要经常把握这种运动轨迹，并把是否促进不断发展作为校园文化建设成功与否的主要标志之一。同时，校园文化的发展一旦达到一定的目标（包括子目标）后，在一定时期内便会形成一种文化模式。这个模式就是一个学校的校风、校园精神，它能较长期地约束学校成员的行为和活动，此时此阶段校园文化处于相对静止的状态。当然，这个模式也不是一成不变的，它的内容和形式要随着内外部条件的变化而不断变化。

循序渐进原则是指校园文化建设要根据学校的实际情况，合理地加以引导，确保校园文化的稳步发展与提高，既不能在原来的发展基础上停滞不前，也不能脱离学校的实际情况。一方面，不同的学校的实际发展情况有所不同，但是都要遵循一定的发展规律，从简单的做起，逐步推进，提升学校的文化建设水平。另一方面，要从校园主体特别是学生的具体情况出发，由低而高呈阶梯式逐步升高，逐渐提升校园文化活动和建设的水平。低层次的校园文化活动是以第一课堂形式为主的美育启蒙和文娱活动，基本上离不开教师的示范，带有被动性和模仿性，主要适用于小学和中学低年级的学生；中层次的校园文化活动是独立性的文化活动，主要引导学生独力从事文化活动，教师处于指导地位，主要适用于中学高年级和大学低年级的学生；高层次的校园文化活动以创造性的文化活动为主旋律，主要适用于具有较强独立性的学生和大学高年级的学生。

一般说来，年级越高，学生的自主性越强，高层次文化活动的比重越大。

掌握动静有序与循序渐进的原则是一门艺术，如何把握稳定与发展、顺序与层次的关系，就要看我们的技巧和艺术如何了。

（三）内外结合与虚实并重

学校是一个组织，有内有外；文化是一个整体，有虚有实。所谓“内外结合”，是指以系统开放观念为指导，在校园文化建设的全过程中把校内校外有机地结合起来，动员全社会来共同参与校园文化建设，充分发挥校内外各方面的积极因素和力量，打破校园文化建设中学校势单力薄的单打一局面。一方面，学校要树立“大教育”的观念，实践陶行知先生倡导的“生活即教育”“社会即学校”“行是知之始，知是行之成”“在劳力上劳心，在劳心上劳力”“以教人者教己”“教学做合一”等“生活教育”思想，加强学生的劳动教育和社会实践，引导广大师生员工特别是学生走与实践相结合、与生活相结合、与工农相结合的正确之路，从博大深远的社会文化的沃土中汲取新的营养，补充新的内容，丰富新的形式。另一方面，校园文化建设作为学校工作的一部分，也是如此。全社会都要主动关心、积极支持和密切配合学校的校园文化建设，为青少年学生提供丰富而健康的精神食粮，大力优化社会的育人环境。从长远看，建立完善的社区文化网络，是使社会、家庭、学校内外结合、协调一致、共同担负起校园文化建设的最佳选择。学校应当积极主动地努力促其早日实现。

所谓“虚实并重”，是指在校园文化建设的过程中，要虚实并重，把务虚和务实结合起来。其含义有二：一是要把校园物质文化建设、校园制度文化建设与校园精神文化建设放在同等重要的位置上，既重视校园物质环境、学校规章制度等“硬件”建设，又重视校园人际关系、校风、校园精神等“软件”建设，并在校园文化建设实践中把它们有机地结合起来。“硬件”建设是校园文化建设的基础和前提，“软件”建设是校园文化建设的核心和灵魂。二是在校园文化建设中既要重视理论建设，又要加强实践活动的开展，反对脱离实践基础的空头理论和离开理论指导的盲目实践。实践是理论的基础，实践也是校园文化建设发展的前提，只有不断实践才能不断提高；同时，加强理论研究也是当前校园文化建设中的一项紧迫课题。加强校园文化理论建设，对在校园文化建设中遇到的新情况、新问题进行研究，摸索规律，有可能通过理论突破带动校园文化建设的突破，从而促进整个校园文化建设事业的健康发展。

三、校园文化管理的策略

校园文化管理是学校管理工作的重要组成部分，直接影响到学校的教育质量与学校精神建设。因此，应该重视学校的文化建设。学校之间的发展情况并不相同，校园文化建设的主要任务就会出现差别。对于新兴的学校来讲，校园文化建设的主要任务就是，在短时间内建立起一种具有凝聚力的校园文化。对于已经成立一段时间的学校来讲就是，继承、更新自己的校园文化，学校存在这么长时间是有一定的道理的，对于一些优秀的传统的校园文化是应该继承下去的，但是也有一些校园文化是与时代发展相背离的，应该给予剔除。下面介绍几种主要的校园文化发展策略。

（一）理念整理策略

校园文化建设不仅仅是一个人或者一个组织的事情，而是学校所有人的事情，需要依靠大家的力量来实现。校园文化涉及多个层面，每一个层面都包含很多的要素。因此，校园文化建设需要有一个核心的理念来指导，这个核心的理念就是办学理念。

校园文化建设需要合理的办学理念来引导学校文化建设的相关工作，整合校园的文化资源，调动各方力量共同致力于校园文化建设。

（二）传统创新策略

校园文化一旦形成，就会形成一种巨大的精神力量，不断感染学校的学生、教师、职工。校园文化是在学校长期发展中创造出来的，既有传统的文化内涵，也有伴随着时代发展而来的创新的文化形式。不管是传统的校园文化还是创新的校园文化，都是校园文化的重要组成部分。

创建校园文化必须要根植于原来的校园文化的基础上，对于优秀的校园文化要加以传承，又要跟随时代发展的要求，为校园文化建设注入新的内涵，不断探究校园文化的生长点，使校园文化焕发出时代的活力。

（三）主体参与策略

校园文化建设的主体是学校的师生以及领导。校园文化建设的主体共同致力于校园文化的建设，他们既是校园文化的建设者，又是校园文化建设的受益者，他们也是最直接的校园文化的关联者，他们更是校园文化的载体。

1. 校长

校长是校园文化建设的主要领导者，校长通过观察、分析、实践等多种途径，站在文化的角度上建设学校的校园文化。通过教育、管理等活动，将学校的文化渗透到学校活动的各个方面。

2. 教职工

教职工是学校文化建设的核心力量。校园文化的核心就体现在广大教职工的价值观念与行为准则之中。教职工作为文化建设的核心力量，只有不断提升他们的文化素养与行为规范，才可以促进教职工的全面发展，才可以形成优秀的校园文化，才可以培育出优秀的学生。

3. 学生

学生素质水平的高低直接决定学校的教育质量与文化建设的水平。学生文化是校园文化建设的重要组成部分，学生文化对社会文化有着直接的影响。在学校文化建设的过程中，要充分尊重学生的文化意识与文化兴趣，对学生的文化行为加以规范与引导。

四、校园文化建设中的关系梳理

校园不是世外桃源，校园文化也不是院墙文化。校园文化建设与校园内外的方方面面都发生着密切的联系，受校内外诸多因素的影响。校园文化建设要充分认识、准确把握以下若干基本关系。

（一）校园文化与社会文化背景

校园文化与社会文化是“亚文化”与“大文化”的关系。

一方面，校园文化作为社会大文化的一部分，是社会文化在校园的折射，与社会文化大环境息息相通，受到社会大文化的制约。校园文化建设要适应社会文化发展的需要，不断从社会文化中汲取营养，才能满足师生员工多方面的文化需求，才能在推动社会主义文化事业健康发展中与时俱进，促进自身的繁荣。当前，我国教育改革正在向纵深发展。教育改革的一个重要目标，就是要致力于对学生创新精神和实践能力的培养，尽快改变传统课堂教学满足不了学生适应社会需求的状况。在这里，校园文化建设是教育改革与发展的重要方面，而教育的改革与发展是校园文化建设的重要背景条件，二者相辅相成。

另一方面，校园文化又有自身的特点。“一种文化的核心是一种价值体系。”学校的天职是育人，活动于校园的是师生员工。他们的活动内容，一是课堂内实验室内的教学、科研活动；二是课堂外的学术交流、社团活动、公益劳动、人际交往、日常生活、闲暇娱乐等活动。教育活动使生活于校园的人群有着区别于其他群体的价值体系、思维方式和群体心理。因此，校园文化对社会文化起着某种矫正和示范作用。其表现，一是对社会消极面的批判和否定；二是催生、塑造、探索新的社会理想与社会精神，向人们示范真善美的理想天地。作为社会文化发展的重要组成部分和动力，校园文化在吸纳社会文化的时候，也在不断地向社会辐射其能量，它以自身的检查功能对社会文化进行“筛选”，抵制其中的消极影响，努力保证自身建设的健康发展。校园文化应当有意识地鼓励和提升这种筛选、辐射功能，在促进民族文化素质提高的同时谋求自身的发展。

（二）显性课程与隐性课程

显性课程又叫“正规课程”，是学校正常学科教学所开设的课程；隐性课程又叫“隐蔽课程”，是与显性课程相对应的，是校园主体从学校的制度组织、师生交往、校园环境等方面所受到的潜移默化的价值和规范的陶冶。显然，要想达到理想的教育效果，就必须同时重视显性课程和隐性课程，并协调二者的关系。校园文化，从文化学的角度看，等同于隐性课程。但是，从管理学的角度看，隐性课程和校园文化是种属关系，校园文化是上位概念。显性文化是校园文化的外壳，隐性文化是校园文化的内核。

自从夸美纽斯论证了“班级授课制”以来，课堂教学就成为近现代教育的“基本组织形式”。传统的课堂教学突出的是教师中心、书本中心和课堂中心，主要是以教师在课堂中向学生集体传授书本知识的形式来进行。但是，课堂教学总是有限的，大量存在的甚至长期起作用的却是非课堂教学。非课堂教学既有有组织的、有引导的集体教育，也有通过自学的、自我实践的自我教育；既有校园内的非课堂教学，也有校园外的非课堂教学。校园文化建设的目的，不仅在于加强非课堂教学，而且在于通过加强非课堂教育从而促进课堂教育。只有把课堂的理论教育与非课堂的实践教育结合起来，才能相互补充，相互促进，共同提高。

（三）学生主体与教师主导

校园师生员工在一定领域以各种不同的方式为创造和反映校园文化而协同活动。一方面，如前所述，学生是校园文化主体中最大的群体。学生既是学校工作的对象，又是校园文化建设的主体。作为处于发展过程中的群体，学生乐于接受新事物，富于批判精神，社会大文化稳定与变革的矛盾、社会的需要和压力，往往集中在他们身上。因此，学生思想行为常常表现为波动不居的状态。校园文化建设的出发点和落脚点就是全面提高学生素质，培养“四有”新人；

校园文化建设也只有使学生积极主动地参与，才能取得成功。因此，充分发挥学生的主体作用，促进学生的全面发展，是加强校园文化建设的重要环节。

教师是学校教职员工中的主要部分。教师集教育者和校园文化主体于一身。作为教育者，社会要求以及对社会文化的选择具体要由教师来落实贯彻，发挥其所谓的“主导作用”；作为文化主体，由于教师的成熟者的地位，使之在文化的生产和消费上处于示范地位。套用教育学的术语，可以说教师在校园文化活动中也发挥着某种“主导作用”。就校园文化建设的实际来说，教师群体直接制约着校园文化的性质、水平，甚至形式。参与校园文化建设活动，既是教师主体内在的需要，也是教师作为教育者的职责，是“教书育人”职责在校园文化建设中的体现。在一定意义上可以说，充分发挥教师的“主导作用”是为了更好地发挥学生的主体作用，离开了学生主体作用的发挥，教师主体的“主导作用”就失去意义了。

第二节　校园文化管理的组织

为了更好地实现校园文化管理职能，学校要依据相关的法律、法规设置相应的职能管理部门。根据不同的分类标准，划分出不同的管理部门。不同组织机构之间既有系统性，又有机结合，构成了学校管理的组织系统。

一、校园文化的管理机构

在我国，学校中一直都有校园文化的管理机构，即使校园文化未成为专门管理对象以前也是如此。因为，学校所有的职能管理机构，同时又是校园文化的管理机构。随着校园文化的发展，有的学校除了原有的职能机构外，又成立了专司校园文化的组织机构。近年来，专司校园文化的组织机构有所增加，并在校园文化建设实践中发挥着越来越大的作用。

校园文化工作（指导）委员会是学校设立的专门指导校园文化工作的机构，一般由学校党政领导和有关部门负责人组成。其任务是：对校园文化建设进行全面规划，制定校园文化建设的实施方案和规章制度，并在人、财、物等方面给予支持；组织和协调全校党、政、工、团的力量，在校园文化建设上形成合力；培养工作干部和艺术骨干，指导全体师生员工的文化活动。校园文化工作（指导）委员会是校园文化工作的最高专门机构，有较高权威，但该机构较松散，一般不再设专门办事机构和专职人员，只是定期或不定期地就校园文化建设方面的有关问题进行研究，做出决定，然后交由有关部门办理，对校园文化的实际活动缺乏约束力。

文化艺术指导中心是学校对师生员工（主要是学生）进行文化艺术指导的机构。它通过对文化艺术活动的指导，来创造良好的校园文化艺术氛围，达到以美育人、全面塑造学生的目的。其主要任务是：邀请校内外专家、学者举办音乐、美术、摄影、书法、文学等文艺方面的讲座和作品展览，邀请专业文艺团体、业余文艺团体来校演出指导；指导师生员工开展文化艺术实践，组织和指导全校的群众性文化活动；培训师生员工业余文艺骨干，负责文化艺术指导中心人员的培训和管理。文化艺术指导中心的长处是较为专业化；不足之处是只能抓文艺活动，不能做校园文化建设的整体规划。

学生课外文化活动指导中心其任务是指导学生课外文化活动，调动全校各方面的力量，对学生课余文化活动给予支持，形成学生课余文化活动的网络。学生课外文化活动指导中心通常由学校领导负责，有主管单位、有活动场地、有专兼职管理人员、有学校拨给的专项活动经费。学生课外文化活动指导中心有钱、有物、有人，不足之处是观念陈旧，视野局限。

校园文化建设指导与实施中心其任务是对校园文化建设进行较全面的规划并负责具体落实、分步实施；具体指导全校师生员工的文化活动，指导开展经常性的群众文化活动；组织全校大规模的综合性文化活动。校园文化建设指导与实施中心有利于阶段性工作任务的实施，不足之处是往往只抓学生而忽略教职工，难以形成校园文化建设的持续、综合效益。

二、校园文化的职能管理机构

除校园文化的专门管理机构外，学校还有校园文化的职能管理机构，如党支部、校长办公室、校工会、校团委、学生会，以及教务处、政教处、总务处等，大家都在各自的工作范围内，不同程度地承担着建设校园文化的责任。以上一些校级专门管理机构的成立，对于全面规划和加强校园文化建设，起到了积极的作用。但从有关分析中也可以看出，它们是各有长短优劣的。

总的说来，校园文化在组织机构上还存在着一些共性问题。这些问题是：首先，群龙无首，校园文化的组织机构大多无“强有力”的牵头部门，缺乏权威；其次，一些组织机构和人员对校园文化的重要性缺乏认识，素质不高，组织能力较弱，在校园内难成“气候”；最后，组织机构名目繁多，并且全校党、政、工、团、学的有机网络系统尚未形成或完善，有些机构和人员还没有进入校园文化建设的“角色”。

校园文化管理人员是指校园文化专门管理机构和学校职能机构中专兼职从事校园文化管理工作的学校管理者和其他师生员工。校园文化管理人员是校园文化活动的领导者、组织者，这支队伍素质的高低，直接决定着校园文化活动的方向、水平和品位。就目前情况看，相当一部分学校，在校园文化管理人员上都存在数量不足、队伍不稳和素质不高的问题。这些问题的存在与素质教育的全面推进不相适应，与蓬勃发展的校园文化要求不相适应，与“文化模式”作为一种新的管理理念不相适应。当务之急是采取切实措施改变不利局面，可从以下几个方面入手。

（一）核定编制，调整职能

核定编制与上面提到的“健全组织”是紧密联系的。没有足够数量的校园文化干部，要在数千乃至上万以上规模的学校组织、指导丰富多彩、健康有益的校园文化活动，加强校园文化建设，是根本不可能的。当然，说到编制并不是简单地去增添多少专职岗位，而是说要在充分认识校园文化的重要性和特点的基础上，以新的管理理念对传统的管理职能进行调整和整合，使校园文化管理成为学校管理中的一项经常性职能。

（二）知人善任，配足人员

在现实生活里，各有所长者比比皆是，但没有短处的完人是不存在的。从人才成长的规律和表现看，有才的人往往具有某些独特的个性。可见，领导者要有识人之智、容人之量、用人之策，否则，真正的人才往往会被埋没，队伍的稳定也就成了一句空话。特别是在目前我国校园文化专业管理人才缺乏的情况下，更是如此。因此，要视校园文化工作与教学科研等工作同等重要，要同等看待校园文化管理人员与教学科研管理人员，要在政治上信任、工作上支持、业务上培养、生活上关心校园文化管理人员，充分调动他们的工作积极性，保持管理人员的稳定性。

（三）提升素质，稳定队伍

要提升校园文化管理人员的综合素质，领导者还要有育人之心。育人的核心是爱护和培养。只使用不培养下属的管理者，是自私的缺乏远见的管理者。只注意用人而忽视培养人，实际上是竭泽而渔。有条件的学校可安排校园文化专职人员脱产学习。现代社会提倡人员流动，而校园文化管理中的学生骨干，更是“铁打的营盘，流水的兵”。应通过教师身份的专职管理人员的稳定来“稳定队伍”。学生管理人员是学生各类社团的带头人和文艺活动骨干，他们在校园文化活动中自然形成和成长，在校园文化活动中起着重要作用。但这支队伍随着一年一拨的毕业离校，变动性大，新陈代谢快，因而要不断发现新人、培养新人。用“常胜的将军”来统率“流水的兵”是保持活动连续性和队伍活力的基本策略。

第三节　校园文化活动的筹划与设计

一、校园文化活动的筹划

校园文化有“静态文化”与“动态文化”之分。所谓“静态文化”，指的是诸如校园的自然环境、教学设施、结构布局和一切对学生具有直接或间接教育感染作用的因素；所谓“动态文化”，指的是学术、科技、体育、艺术、娱乐等各类动态活动。

校园文化就其内容来分，有校园美化活动、校园教育活动、校园文体活动、校园科技活动四大类。如此丰富多彩、形式多样的活动，要确保其有效开展，必须通盘考虑，整体筹划。

（一）统筹兼顾

校园文化活动的形式多样，常常会因为活动的形式不同，便由不同的管理机构管理，活动的开展也会由不同的管理机构负责，这样就会造成管理上的职责混乱。校园文化活动必须由专门的、统一的管理机构管理，统筹兼顾、全面部署、有步骤地实施管理。尽量开展学生喜闻乐见的校园文化活动，不断增强校园文化活动的趣味性。

（二）突出重点

校园文化活动形式多样，活动的主体与任务也是各有千秋，但是都会表达一定的教育意义。不管哪种类型的校园文化活动，都要传递校园文化精神，不断增强学校的凝聚力。

（三）寓教于乐

校园文化活动的内容与形式要与参与校园文化建设的主体紧密地联系在一起，面向广大师生，尤其是学生，要充分考虑学生的兴趣与接受能力，内容要积极向上，要具有一定的趣味性与教育性，活动形式要丰富多彩，符合当今大学生的心理特点，体现寓教于乐的特点。

在大学校园中，大量存在着文艺、体育等学生很感兴趣的活动。这类活动一般有着广泛的参与面，它们在活跃校园文化生活的同时，也存在着思想性、教育性不足的倾向。要解决这个问题，一个很有效的方法便是以文体活动为载体，将思想性、教育性的内容寓于其中，以提高活动的层次和内涵，就是人们通常所说的寓教于文、寓教于乐，如科技趣味运动会，革命歌曲演唱会，校园不文明行为小品、漫画等，以降低校园文化活动的纯娱乐性，提高育人功能。也就是说，要注重内容与形式的统一，努力做到融思想性、知识性、娱乐性于一体，从高层次上对师生员工的精神文化需求进行引导。

目前，“办出特色”问题已引起了各级领导的注意。个性和特色是校园文化及其建设的生命所在，校园文化活动筹划设计的意义，就是旨在形成各自校园文化的特色。但是，目前需要引起注意的是人们对“特色”还存在着某种模糊认识和误区：有人认为，特色就是特点。但我们认为，所谓“特色”，就是各校在校园文化活动和建设中表现出来的独特风格。在这里，“特色”不是一个中性概念，它含有一种成功或合乎规律的意味，是一种成功的行为风格或模式，并不是只要与众不同就是“有特色”。判断一个学校是否办得有特色，包括校园文化是否有特色，关键是要看它是否同时具备以下主要特征：一是独特性，其风格是独有的、特别的、不同一般的，是在一定价值指导下的刻意追求；二是统一性，体现为内在的文化价值观与外在的表现形式的有机统一；三是标志性，具有代表性和典型性，代表这一领域的发展方向和较高水平；四是积淀性，任何特色的形成都经过不断的比较、筛选，是在历史积淀基础上提炼而成的，有一个积累、发展的过程；五是稳定性，在历时性上这种风格代表事物的某种发展趋势，能持续一段时间。

一言以蔽之，特色就是在遵循规律基础上的个性化的操作风格。用商人的经营理念或术语说，就是“人无我有、人有我优、人优我精、人精我转”。因此，学校在工作中要认真分析校园文化现状，结合学校的地理环境、行为方式、办学模式、管理哲学、人文精神等，因校制宜、创造性地开展校园文化建设。从一定意义上讲，特色校园文化建设本身就是一种地地道道的创新教育。在校园文化建设的实际中，不少学校已成为科技特色学校、教研特色学校、学科特色学校（如体育特色学校、音乐特色学校等）、实践活动特色学校等。

就当前校园文化的整体发展和开展活动的情况看，尽管许多学校在校园文化活动开展之前都要进行认真的筹划设计，但是，各级各类学校的校园文化建设并未充分显示出各自的特色，相当一部分学校不仅没有体现各级各类学校的历史背景、学校结构、培养目标的不同，从而使其具有鲜明的个性特征，而且也没有能注意凸显各学校自身的特点、历史的渊源和发展的趋势，校园文化的活力不显、个性不彰，而所谓“活动”则出现千校一面，趋于一般化、大众化的局面，这将不利于各学校最终形成具有各自特色的校园文化。

二、校园文化活动设计

（一）校园文化活动设计的重点

尽管校园文化对人的影响只是桃李不言，也很难立竿见影，但它对学生的身心发展却发挥着显性课程不可替代的作用。一是物质文化以物化人。学校物质文化建设直接影响着师生员工的心理状态，整洁、优雅、文明的校园环境会激发学生的上进心和求知欲。校园主体按照自己的认知水平、审美情趣来设计校园，使校园物质文化人格化，使校园物质文化处处洋溢着浓厚的育人氛围。同时，作为这种环境审美者的师生员工，校园环境将对他们产生持久的、潜移默化的影响，起到有意设计、无意熏陶的作用。二是制度文化以章育人。制度文化是校园文化的一部分，而校园文化建设又必须纳入制度规范即常规管理的轨道才能取得更好的效果。构建制度框架的理想，就是要变他组织为自组织，努力建立责任利益共同体、目标共同体和价值共同体，体现校本管理的意识和特色，达到文化管理、文化育人的目的。三是精神文化以价值育人（以人为本）。现代社会是一个价值多元和瞬息万变的社会，面对着社会理想信念迷惘，享乐腐化、拜金主义滋生蔓延的严峻挑战，校园主体的人生价值观也在发生巨大变化。一方面，思想开放，经济意识敏感，民主观念增强，个人竞争意识明显；另一方面，强烈的经济与社会地位反差，使得不少教师心态失衡，职业责任感下降。各种冲击和激荡要求学校管理者更多地关注人的精神世界，确立以人为本、以服务对象——学生为上帝的校园文化理念，把每一位学生看成有丰富情感和多方面需求的人、正在成长和发展中的人，言传与身教并施、严管与厚爱相济。要求教师以自己的学识和人格力量强化学高为师、身正为范的职业形象，成为社会积极价值言行的表率。

校园文化活动设计，就是要在整体筹划的基础上，凸显以人为本的校园文化理念，实现主体性校园文化管理。具体地说，校园文化的活动设计要体现以下要求。

要注重整体性。前面已讲到校园文化的内涵是十分丰富的，随着素质教育的深入，它的内容会得到进一步充实。因此，在校园文化建设特别是活动设计中，要有整体观念，要把各项建设和活动纳入学校的整体规划，不能仅仅讲发展哪一方面，而应该是综合推进，整体提高。如在校园内栽树种花，既能绿化校园、美化学习工作环境，也能培养学生的良好习惯、丰富植物知识、形成良好的审美情趣，因此，对品种的选择、栽培的地点都要有所考虑；以保证校园文化活动的有效运转。

要凸显教育性。虽然校园文化具有非规定性的特点，但作为一种教育形式，无论是硬环境还是软环境建设都必须有预期的目的，富于教育性，应以全面贯彻国家教育方针、全面推进素质教育为宗旨，对校园文化中的消极东西要彻底排除。如校内的一切建筑物，不能设计成五颜六色的，而要体现校园特色，与周围的自然环境和谐；又如文体活动，要结合学生的身心特点和认知规律，而不能混同商业演出，迎合庸俗需求。

要体现操作性。一方面不同层次、不同类别的学校在校园文化建设上要有所区别，而特定学校的校园文化建设则要从本校实际出发，考虑学校的历史、文化底蕴、师生特点及校园现有布局特色等，不可盲目攀比，不搞形式主义的“面子工程”；另一方面，在校园文化建设中要动员师生积极参与，集思广益，使其内化为自觉的行为。

要体现独特性。有特色、高质量是现代学校管理和校园文化建设追求的一个重要目标，校园文化理应追求特色、体现特色，而个性和特色是校园文化及其建设的生命所在，校园文化活动筹划设计的意义，就是旨在形成各自校园文化的特色。

主体性校园文化建设及其管理，为校园人提供了社会实践的条件。加强主体性校园文化建设及其管理，有利于充分发挥其教育导向、开发创造、娱乐调节、激励凝聚等方面的作用，营造最优化的育人环境，促进教育目标的实现。主体性校园文化建设及其管理，就是要摆脱教师单纯受指挥、学生单纯受教育的被动局面，尤其要以学生为主体，为学生提供锻炼能力的舞台，使广大学生在自我教育、自我管理中进行自我塑造，实现个性的全面发展和社会化。丰富多彩的校园文化活动通过各种寓教于乐的形式使学生在活动中接受文化熏陶，培养文明高雅的道德情操，激发奋发向上的精神风貌，增强历史责任感、使命感，树立正确的人生观、价值观。可以说，主体性校园文化建设及其管理，体现了育人宗旨，强化了育人效果，是全面推进素质教育、培养具有创新精神和实践能力的一代新人的有效途径。

（二）开展丰富多彩的校园文化活动

校园文化活动为培养社会主义事业的建设者和接班人服务。校风是高校的生命线，是决定高校声誉以及在市场经济条件下生存壮大、培养出合格“产品”

的关键因素，因而高校校园文化活动应有助于加强校风建设。近年来，不少高校通过各种途径抓校风、促学风，教学相长，努力营造严谨优良的教学环境，取得了明显的成效。

随着我国各项改革事业的深入，高校的合并、高校管理模式的变革，以及高校招生人数的扩大、后勤社会化，再加上网络技术的迅速普及、教育观念的更新、素质教育的推进、实行学分制等内外因素的影响，校园文化活动出现了一些新的特点。

校园文化活动中学生的自主性增强。由于扩大招生、后勤社会化以及校园文化活动自主化、多样化等原因，学校领导、教师没有精力亲自负责每一个活动，学生也迫切希望通过自主地策划、组织活动来提高自己的素质和能力。所以目前绝大多数的校园文化活动都是学生自己策划并组织实施的，学校领导和教师主要扮演的是指导者的角色。学生在校园文化活动中发挥了巨大的能量，是校园文化活动的主力军。

多出精品，形成特色。精品活动是指那些师生积极参与，知名度高，育人效果深远，师生反映良好的校园文化活动。由于精品活动的效果是普通活动的效果所无法比拟的，往往起到事半功倍的效果。因而精品活动的多寡可以从一个侧面反映出校园文化活动开展的状况。由于各校的历史文化传统不同，专业设置不同，因而形成特色的也应是充分重视继承、弘扬优秀历史文化传统的活动。通过组织学习、参观访向、建立社团等方式，让广大学生学习中华民族深厚的优秀传统文化，具备基本的传统文化修养和传统美德，从小事和身边的事做起，将爱心事业发扬光大，倡导一种良好的社会风气，在学校里和社会上产生很好的影响。

鼓励举办以培养学生创新意识和创造能力的各种活动，营造一种思想创新、活动创新、知识创新、技术创新的氛围，以积极的姿态迎接知识经济的挑战。

（三）加大活动场地和设施建设的力度

在当前教育经费紧张，学生规模扩大，校园文化活动对场地和设施的要求越来越高的情况下，改善活动场地和设施的要求也更为迫切。学校应当立足实际，解放思想，大胆利用各种条件建设活动场地和设施。

第四节　校园文化活动的指导与协调

一、资源管理

校园文化管理与其他任何管理一样都要有资源。这里讲的“资源”，是人力、物力、财力、时间、空间、信息等要素的统称。其中，人力、物力、财力是基本资源，时间、空间、信息是特殊资源。组织资源是校园文化活动开展必须具备的先决条件之一。在这里，“组织资源”既是一个名词，又是一个动词。没有组织资源，校园文化活动就成了无源之水、无本之木；不组织资源，就无法使校园文化活动现实地运作起来，组织资源决定着校园文化活动的内容、规模、形式和水平。

设立学校、开展教育活动和校园文化管理活动，必须要有“力”的投入，即提供资源条件。人、财、物是基本要素，是物质理性的。其中，人是能动性的物质资源，财、物是非能动性的物质资源。财、物由人掌握、支配和使用才得以发挥作用。因此，在人、财、物三要素中，人力资源又是最主要的。时间、空间、信息是特殊资源，是校园文化管理活动中不可缺少的要素。校园文化管理中人、财、物等要素的活动，总是在一定的时间流程之中和在一定的空间范围之内进行的，而信息则是在其间起着沟通性作用的要素。学校的人力、财力和物力是由社会通过各种渠道提供的，因此，学校不能被动地等待接受社会提供人、财、物等物质资源，而应主动地通过各种方式去争取这些资源。但是，有了人、财、物、时间、空间、信息，也只是一种条件，如果使用不当，校园文化活动仍未必会有明显的成效，甚至可能造成资源的浪费。为此，就需要认真地把人、财、物这些资源管理起来。

在校园文化管理中，人、财、物、时间、空间、信息诸要素并不是孤立地存在着的。在学校中，直接作用于受教育者的是各种丰富多彩的校园文化活动。诸如，各科教学活动、多种形式的课外和校外活动，思想道德的教育工作、知识学习和智能发展工作、体育卫生习惯的训练工作、劳动教育和美育工作，班主任工作、团队和学生会的组织工作等。校园文化作为一种文化形态，就是在各种活动中对学生价值观念、道德情操和行为模式的形成和发展产生影响的。校园文化建设尤其要注意利用各种“积极的教育活动资源”，诸如通过开展校史教育活动，举办校庆活动，开展校歌、校徽的征集活动和演唱校歌、佩戴校徽活动，增加师生对学校的热爱之情，激发其责任感和使命感；同时，邀请杰出校友回校访问、作报告，利用他们的事迹教育学生，用榜样示范引导师生确立正确的信念等。这些方方面面的大大小小的工作，构成一件件各有特定任务的“事”，它们都以学校工作目标为核心。校园文化管理的任务之一，就是研究对它们的整合，并在校园文化理念的指导之下实施统筹管理。

校园文化的组织资源从封闭型的孤芳自赏到开放型的多校资源共享，已成必然趋势。21 世纪的校园文化活动及其管理就是处在这样一个时代，数字化的多媒体网络通信逐渐成为一种普适性的大众技术，传统意义上由单校土生土长的校园文化现象，将随着网络信息快速传送到四面八方，多校共享先进的校园文化已成可能，校园文化将由相对封闭逐步走向全面开放，新的机遇和挑战同时等待着我们。

二、指导工作

（一）指导的基本内容

所谓“指导”，就是学校领导者对所属部门或部属进行引导、开导和具体帮助的意思。在校园文化管理中进行适当指导是客观的需要，是学校领导者的一项基本工作。所谓“教师的教师”就是这个意思。一项管理工作，尽管目标规定了标准，计划提出了方法和要求，但在实施过程中，难免会出现这样或那样的问题，如：如有的人不理解工作的意义，领导者就要及时给予指点，使这些人进一步明确为什么做、做什么、达到什么程度，避免他们继续盲目行动；有的人缺少工作方法，领导者就要具体帮助，使他们懂得怎么干、用什么办法干，避免继续无效或低效的行动；有的人责任心不强，造成工作失误或责任事故，领导者就要进行启发、开导和批评，使这些人认识到错误在什么地方、如何改正，避免发展成更大的错误。

（二）对管理者的要求

1. 洞察背景

校园是社会的敏感区，社会文化的任何变动都会波及校园。人类已经进入 21 世纪，当前，我国不仅面临着新技术革命和激烈的国际竞争，还面临着经济体制和主流文化转型带来的剧烈变化。

国际与国内的环境从方方面面都对校园产生了深刻的影响，有积极的影响，也有消极的影响。积极影响体现在唤醒主体意识，促进人际交往，丰富文化活动的内容与形式，创新能力与进取能力不断加强，竞争意识与参与意识得到强化等多个方面。消极影响就是可能会影响一部分学生的价值观念，消极的、功利化的、低俗的价值观念会成为一部分学生的选择。

要积极消除消极影响，努力净化校园环境，引导学生形成正确的价值观念，使校园文化朝着积极、健康的方向发展。校园文化建设是社会文化建设的一个缩影，校园文化建设的成功也影射出社会文化建设的良性发展。

2. 思想明确

校园文化建设的管理需要明确指导思想。校园文化具有高度的自由性，自由是相对的，并不是决定的，自由是有一定的限制条件的，自由也要遵循指导思想。校园文化建设是人们在潜移默化之中接受教育、影响，这种教育虽然没有声音，但是却可以内化在个人的行为之中。

校园文化建设与管理，要遵循党的方针路线，坚持用积极的、正面的思想，引导、培育出全面发展的社会主义事业的建设者和接班人。大量的实践证明，要坚持正确的思想理论，确保校园文化建设的正确方向，抵制不良思想的影响。

3. 思路清晰

加强校园文化建设与管理，不能只看到短期的经济利益，忽视长期的社会效益。校园文化建设应注重制度、精神、物质三方面共同发展，发挥校园文化建设的整体优势。

进一步整合学校的文化资源，创建良好的校园文化环境，将校风建设当作校园文化建设的重点，充分发挥学校的教育功能，在校园文化建设中进一步规范学校的规章制度，加强学生的教育，形成良好的学风，引导学生积极向上、勇于创新，促进学生全面发展。

校园文化的管理者要加强对学生流行文化的引导。学生时代都有不同的流行文化，例如，流行音乐、文学作品、服饰、口头禅等。教师针对学生的流行文化不能一味反对，而应对此加以适当的分析，引导学生树立正确的价值观，帮助学生健康成长，一味地反对只会加重学生的逆反心理。例如，很多学生都有自己喜欢的明星，教师可以发现明星身上的闪光点，对学生进行合理的引导，让学生知道明星取得成功也是付出了一定的努力的，并不是偶然的，只有付出努力，积极向上，才是向他们看齐的重要表现。

学生喜欢的流行文化并不是完全不可取的，只要是积极的都是可以接受的，加强对他们的引导，以此为契机，教育他们形成正确的价值观念也是值得肯定的引导形式。

4. 方法得当

校园文化的管理要讲究方式方法，要依据一定的教育目的精心筹划和组织实施，决不可以放任自流。积极开展丰富多彩的校园文化活动，坚持教育性、娱乐性、思想性相结合的活动方针，不断提升校园文化活动的水平，加强对学生校园文化活动的指导，发现问题，及时解决。引导学生开展有价值、有意义的文化艺术活动与体育活动。尤其是学校内一些新成立的组织与社团，需要由专业的教师与学长给予适当的帮助。

5. 把握重点

指导工作对管理者素质提出了很高的要求。关键是要抓住时机，具体问题具体分析——对症下药。使被指导者心悦诚服地接受指导，从而改进工作，达到提高管理效能的目的。指导的方式有很多，比如，可个别地进行，也可在一定范围的群体中进行；可由管理者进行，也可通过介绍成绩优异人物的经验的方式进行；还可提倡师生员工互相学习、互相帮助等等。总之，指导工作不仅要因人、因事、因时制宜，而且要采用适当的方式方法进行，切忌呆板划一。

三、协调关系

（一）协调的基本内容

所谓“协调”，就是为实现目标、完成任务而对各项工作和各种活动加以统一、调节，使之配合得当的管理活动。组织中的各类人员都有各自的工作目标和任务，由于种种原因，人们往往注意自己目标的达成和任务的完成，而忽视别人和别的部门的要求。在这种情况下，很容易产生“各自为政”的现象。部分离开整体就失去存在的价值。上述“各自为政”的现象，如果不加以抑制和调整，必然要影响甚至破坏组织的总目标、总任务的实现。要改变这种情况，协调关系是必不可少的。

学校管理中组织协调的内容，一般是难以事先规定的，应根据所发生的事件及出现的矛盾，有什么故障便协调什么故障，有什么矛盾便解决什么矛盾。但在学校中，经常需要协调的大体有这样几个方面的内容：一是对领导班子内部分歧的协调。通过协调，做到统一认识、统一指挥、团结合作、支持谅解。二是对各部门之间的协调。通过协调做到互相支持、协同配合。三是对教职工之间的协调。通过协调，做到志同道合、团结一致、和睦相处、合作共事。此外，还可从人与事、事与事、人与物、事与物、事与时间的角度进行协调，尽可能做到人员组合恰当、财物配置适宜、前进步伐合拍。学校组织还需要协调好与外部的关系，主要是协调好与上级领导的关系、与社区的周边关系、与学生家庭的关系等，从而增强办学的助力，减少办学的阻力。

（二）协调的主要方式

会议协调这是学校管理者常用的方法。协调性的会议一般有两种，一种是信息交流会议，用来向各处、室、班、组，说明任务、目标、方案和要求等，大家了解了情况，工作中就可能减少矛盾和冲突；另一种是解决问题的会议，就某些问题请有关方面共同协商，寻求解决的办法。

文件协调也称“制度协调”，即对那些带有普遍性、规定性、强制性的问题，在调查研究的基础上，研究指定文件或制定出工作规范，规定该怎么做、不该怎么做，并通过权力机关将文件下发，以此来协调矛盾、理顺关系，保证活动顺利开展。

现场协调即召开“现场会”，就是把有关人员带到发生问题的现场，请有关人员申述产生问题的原因，与会者共同讨论，寻求解决问题的办法。现场协调容易迅速统一认识，解决问题，改进工作。

结构协调即通过调整组织结构，完善职责分工等办法来协调。结构协调一般用来协调那些处于部门与部门之间的“结合部”的问题，以及诸如分工不明确、职责不清楚所造成的“扯皮”“踢球”等方面的问题。

前面已经提到，学校的人际关系主要由领导、教师和学生组成，而师生关系往往能反映出一个学校的人际关系状况，师生关系的好坏主要取决于教师。优化人际环境是协调好校园文化活动关系的根本保证。

倡导敬业新风，融洽师生感情。教师言行对学生个性品德的影响更具直接性、奠基性的作用。教师要树立良好的职业道德形象，从思想精神、教育观念、工作责任、待人接物、个人仪表等方面严格自律。提倡采用鼓励性评价方法，要表现出对学生的热爱与尊重。提倡教师集“全才”与“专才”于一身，鼓励教师提高自身素质，从而达到创设愉快和谐的课堂环境的目的。学校无小事，事事在育人；教师无小节，处处是楷模。

提倡学生交往，实践自主管理。交往一种动态的环境，在交往中各种因素也会随之而来。学校应为学生创造交往机会，引导学生主动交往。学生总会有脱离学校的一天，在社会中交往是必不可少的。学校要积极组织学生参与各种社会交往活动，结合社会的发展趋势，举办具有时代特色的文化活动，推进校园文化建设。如强化行为规范的养成训练，管好校门口车辆的停放，维持在校用餐的同学的纪律，以学生参与班级、学校的管理来优化交往质量，促其自律。

充裕的校外活动时间加深了家庭、社会对学生的影响。学校要与家庭、社会加强沟通与联系，督促其创建良好的校外环境。尤其是家长，要时刻注意自己的言行举止，用自己丰富的社会经验与文化素质，给予孩子积极的、正面的影响。社会可以建立大学生工作委员会，为大学生创设良好的社会环境，形成学校、家庭、社会三方教育合力。

（三）协调的实施

1. 计划

计划是未来行动的先期决策，是在一定时间内，为完成某一项或者某几项任务，做出的明确的具体的安排，具有目的性、责任性、灵活性等特征。科学周密的活动及决策方案进一步延续和具体化，是活动成功的基本保障。计划阶段的分工，可以分为三步进行：一是明确目标，了解方案，分析现状；二是分析客观因素，抓住关键；三是针对要求拟定措施及计划，包括项目活动开展的地点、负责人，项目怎样进行等。措施、计划尽量具体、简明扼要，便于理解记忆，便于贯彻执行。

2. 实施

实施就是解决方案、计划的贯彻执行，是具体的行动。在这一阶段，正确的实施方法能保障计划的顺利执行。如果是较大的校园文化活动，要建立组织，保障决策、计划实施的有序状态，并取得活动的圆满成功。

这不仅需要精明的领导者在计划中统一协调和指挥，还要有得力的执行人，准确领会上级的各种指令，发挥其主观能动性。

3. 检查

活动实施过程中，需要对整个实施情况进行检查，看其是否偏离了原来的目标，是否达到了理想的进度，措施是否得力，使活动的实施少走弯路。在这一阶段中，正确的方法体现在两个方面：一是把握进入检查阶段的最佳时期，避免盲目性；二是通过了解执行计划的实施情况，取得反馈信息并与原来的计划进行比较与分析。及时、准确、有效地掌握大量信息是检查阶段的关键，有准确的信息，反馈就可以与标准内容相比较，检查就可以达到预期的目的。

第七章　校园文化活动的形式

校园文化活动的形式是校园文化内容得以实现的方式和手段。随着改革开放以及教育改革的不断深入，校园文化活动的形式不断发展和创新，校园文化活动的种类更加丰富多彩。本章主要阐述思想教育类活动形式、科研学术类活动形式、技能培养类活动形式、文体娱乐类活动形式。

第一节　思想教育类活动形式

一、精神文明建设活动形式

高等学校是精神文明建设的示范区，是培养人才的摇篮，其根本任务在于培养全面发展的社会主义现代化建设的合格人才。学校风气的好坏直接关系到人才培养的质量，因此着眼于培养新世纪人才的高等学校，必须首先建设好优良的校风，加强高等学校的社会主义精神文明建设。高校是思想活跃、各种思潮交汇之地。高等学校的精神文明建设必须坚持把德育教育放在首位，把深入细致的思想政治教育寓于科学的管理之中。为此，高等学校必须从以下几个方面做起。

（一）加强社会主义道德建设

社会主义道德建设是社会主义精神文明建设的一项重要内容，是高等学校精神文明建设的重要组成部分。在人民中进行爱国主义、集体主义、社会主义、共产主义的思想道德教育，遵守“五爱”的公共道德，是中华人民共和国每一个公民的义务，也是社会主义道德建设和高等学校精神文明建设的基本要求。高等学校精神文明建设的根本任务是培养“四有”新人，提高青年学生的道德素质和科学文化素质。“有道德”是“四有”中的一项重要内容。发扬“五爱”精神，信守公共道德和社会公德，并且按照社会主义集体主义原则正确处理国家、集体和个人之间的利益关系，按照社会主义人道主义原则正确处理人与人之间的相互关系，就是有道德的具体体现。

高等学校必须坚持将道德教育放在首位，教育和鼓励青年学生按照社会主义集体主义原则，正确对待和处理社会主义条件下个人利益与公共利益之间的关系，发扬国家利益、集体利益和个人利益相结合的社会主义集体主义精神，发扬顾全大局、诚实守信、互助友爱和扶贫济困的精神，反对一切损人利己、损公肥私、见利忘义、金钱至上、以权谋私、欺诈勒索的思想和行为。通过对大学生的社会主义道德教育，使他们能够继承和发扬中华民族的优良传统和美德，做到尊重人、关心人、理解人，养成勤劳俭朴、热心公益、讲求文明、诚实礼貌的品格。

（二）加强思想政治教育

高等学校要根据青年学生的思想特点和心理特点，利用马列主义理论教育、形势与政策教育及实践教育等形式，不断提高学生的政治素质和思想水平。高校要充分利用校报、广播、电视、板报、橱窗、校园网等宣传阵地，积极开展精神文明建设的宣传教育工作。一方面宣传遵纪守法、品学兼优的优秀学生事迹和先进模范人物事迹；另一方面将学生中的各类违纪案例进行曝光。这样的正反对比，可以在学生中引起很大的震动，从而抑制不良风气的滋生蔓延。高校在从严治理校园秩序的同时，要积极引导青年学生从小事做起，从身边事做起，自觉清除丑恶现象，培养学生的集体主义精神和良好的行为习惯，提高学生的审美意识和生活情趣，教育学生认真从善、从美，提高其自身涵养和精神文明的整体水平。

（三）弘扬雷锋精神

雷锋同志是时代青年的楷模。雷锋精神是中华民族传统美德与共产主义光辉思想结合的典范。雷锋精神的实质就是，全心全意为人民服务，为了人民的事业无私奉献。这种无私奉献的精神，是共产主义世界观、人生观和价值观的集中体现。因此，高等学校要持续不断地开展学习雷锋的活动，要注意抓住雷锋精神的实质，对青年学生进行共产主义思想教育，尤其要使广大团员青年深刻认识学习雷锋的重大意义。学校的各级党团组织要不失时机地在团员青年中开展学习雷锋精神，爱党、爱祖国以及爱社会主义的系列教育，通过雷锋事迹报告会、主题班会和诗歌朗诵会等形式，教育青年学生正确认识当前形势，更加深刻地体会到在新的历史条件下，学习雷锋精神的现实意义。

高等学校必须高举“学雷锋，树新风，做‘四有’新人”的大旗，使学习雷锋精神的活动深入持久地开展下去，从而达到建设良好的校风、学风，培育“四有”新人的办学目的。各高等学校要结合实际情况，制订出学习雷锋的活动规划和活动安排，要努力做到思想发动落实，组织领导落实，规划措施落实，具体活动落实，使学雷锋活动蓬蓬勃勃、扎实持久地开展起来。要通过成立志愿者服务队、送温暖小组等积极开展义务劳动、义务咨询和义务修理等多种形式的为民服务活动，使高校逐步形成弘扬雷锋精神的良好风气，促进学生人人争做学习雷锋的榜样。高等学校的党团组织要认真总结和大力表彰学习雷锋的先进集体和个人，宣传和推广他们的先进事迹，把作为社会主义精神文明建设重要组成部分的学习雷锋活动，更加广泛、更加扎实、更加深入持久地开展下去。

二、创“三好”的活动形式

创“三好”活动历来都是学校教育活动的主要形式，为社会主义现代化建设事业培养“德、智、体”全面发展的合格人才是高等院校的中心任务。

（一）德育

“三好”的内容要与时俱进。“三好”的具体内容和标准在不同的历史时期也会有所不同，这是时代变革的客观要求，了解这一点有助于人们在不同环境和形势下有针对性地开展创“三好”活动。

学校除了通过精神文明建设活动来培养学生坚定的共产主义信念和良好的精神风貌外，还要对学生进行以诚信为核心的道德教育和职业道德教育。每个人都生活和工作在一定的社会环境中，要做一个对社会有用的人，就要遵守一般社会道德的规范，如健全向上的人格、见义勇为的精神、尊老爱幼的风范等。高等学校是培养适合社会需要的专业人才的地方，每个学生将来的社会角色和职业选择都与在校时的教育直接相关，而社会中的每一种职业都有其道德规范。所以，高等学校要结合本专业的各门知识和当前社会角色的规范要求来培养学生的基础职业道德。

德育是学校教育的重要组成部分。把德育摆在首位，与智育、美育、体育等彼此渗透、密切协调，共同完成立德树人的根本任务，对学生健康成长和学校事业发展具有导向、动力和保证作用。学校的德育目标其实就是“培养什么人”的问题。高等教育对于推动新动能发展、产业转型升级、带动扩大就业、脱贫攻坚、促进社会和谐稳定具有基础性作用。高校学生毕业后踏入社会，不仅可以带着一技之长就业创业，还可以带动家庭脱贫，有效切断贫困代际传递、保护公民的受教育权利、促进教育公平和社会公正，这充分体现了“自由、平等、公正、法治”的社会价值取向。

高校要坚持以学生成人成才为根本目标，牢牢抓住全面提高人才培养质量这个核心，培养全面发展的高素质技术技能型人才。在德育工作中要努力培养社会主义核心价值观的践行者、示范者和传播者。培养有中国特色的社会主义共同理想的坚定信仰者和实践者，使青年学生成为德智体美劳全面发展的社会主义事业的建设者和接班人，这也是持续推动学院发展的动力源泉和价值所在。

立德树人，关键在于教育引导青年学生在正确认识、科学认知基础上实现真心认同。要加强通识教育。通识教育是培养大学生拥有共同的价值认知、文化共识和精神素质的重要途径。高校以提升大学生思想文化素质为目标，强调人格养成、价值塑造、理性思维和精神素质发展，创新教学内容和教学方式，扎实做好通识课程改革和建设。还要加强课程建设。充分发挥思想政治课的主渠道、主阵地作用，紧紧围绕教材、教师、教学等方面，坚持价值塑造、能力培养、知识传授有机结合的教学观念，深入推进思想政治建设。

加强专业渗透。专业是高校人才培养的主要载体，德育贯穿于人才培养的全过程，所有课程都具有德育的职责和功能。学院深入挖掘各门课程蕴含的德育内容，初步建立起相对完善的科学与人文、德育与智育相结合的教学体系，实现能力、素质培养的双轮驱动。结合各专业课程的特点和实际，将德育融合到教学内容中，教师在传授知识、教授技能的同时，有的放矢地对学生开展教育。此外，还通过作业、辅导、考试、技能竞赛、实习等活动，培养学生良好的道德品质。例如，在专业课程教学时，通过介绍国家在本专业领域所取得的伟大成就、专业发展概况和前景及行业企业人才需求等，培养学生的民族自豪感、自信心，明确前进方向和奋斗目标，激发学生报效祖国、服务社会、实现自我的内在动力。

创新文化育人。注重以文化人、以文育人，在潜移默化中教化学生追求真善美、明辨假恶丑，是落实立德树人根本任务的必经之路。培育大学精神，实施精神文化培育行动，开展校园文化形象策划，大力传承弘扬中华优秀传统文化、地域特色文化和学院优秀文化。优化校园环境，实施环境文化提升行动，坚持以科学规划为引领，整体谋划、建设。开展一小时校园文化游览，按照导向明确、主题鲜明、内涵丰富、行程得当的原则，规划设计校园游览路线，感受体验浓郁的校园文化氛围。打造文化品牌，实施文化品牌铸造行动，并与学校整体战略、内涵建设、队伍建设、学生工作、党建工作等有机融合。

创新实践育人。强化实践育人的价值观导向，不断增强学生的社会责任感、创新精神和实践能力，是落实立德树人根本任务的有效举措。一是建立道德实践基地。充分利用区域独特的传统文化、民俗文化、红色文化、企业文化等人文资源。二是搭建道德实践平台。开办道德讲堂，举办“全国道德模范”优秀事迹分享会。三是组织道德实践活动。开展“我为社会主义核心价值观代言”“我的中国梦”主题教育等系列主题教育，强化行为养成，引导和鼓励广大学生形成修身律己、崇德向善、礼让宽容、知行合一的道德风尚。坚持开展暑假“三下乡”和寒暑假社会实践活动，依托专业优势，深入基层、深入群众，通过开展科技惠农、帮扶、教育关爱服务等活动，将实用技术知识送入百姓家中，增强服务社会的积极性与使命感。四是大力推进创新创业教育。创建大学生创业孵化示范基地，建设汇集创新创业孵化、教师科技研发以及成果转化于一体的大学生科技园，为大学生创业出台各种优惠政策。

（二）智育

随着整个社会变革和发展的步伐逐步加快，智力教育的内容也必须随之变革。在初级教育中，学生只要学好课本知识就是好学生。但高等教育不同，学生智力水平的提高不仅在于他们已经掌握了多少书本知识，更在于他们接受和掌握新知识的能力，以及认识、适应和改造社会的能力和勇气。学生智能方面的评价不仅要参照课堂成绩，还要通过各种形式考查学生的知识面和社会活动的参与度以及综合能力等。

在智育教育方面，可以采取的形式更为多样化。青年学生参与各种活动当中都可以学到应有的东西。在过去的高校教育中，曾禁止学生看一些西方学者有关人生、信念方面的书籍、著作等，这种绝对化的做法是错误的。应该认识到高校学生已有一定的鉴别能力，有些东西并不需要我们直接去限定他们，可以让他们自己去认识、去判断。社会实践可以纠正他们许多认识上的偏差。即使青年学生们从那些书上得到一些国外流行但不正确的东西，也会很快在具体实践中予以纠正。

高等学校的课堂教学固然重要，但也要积极探索其他形式的教育来扩大学生的知识面和提高其认识问题、分析问题和解决问题的能力。即便是课堂教学也要采取灵活多样的形式，避免满堂灌。要鼓励学生积极参与课外活动，培养他们在活动中的主动精神。党团组织和学生会可以不定期地举办读书活动、演讲活动、每月读一本新书活动等；科研机构和各种学会可以举办学术报告会、有奖征文活动、专题讨论活动等；其他组织和机构也可以发挥各自的优势积极开展知识、智力竞赛活动，在整个校园形成“比、学、赶、帮、超”的浓厚学风。

（三）体育

体育活动，担负着增强学生体质，与德育、智育、美育和劳动教育的密切配合，共同实现全面发展的教育目的的重任。人的全面发展是指人的体力、智力、道德品质和审美情操在个人身上充分、自由、统一、和谐的发展。当今世界各国也无一例外地将体育作为学校基本教育的内容。从社会学角度来看，体育又是一种社会文化现象。人们从事体育活动的基本目的是身心发展和满足自身的需要，通过体育活动来使自己的躯体和精神得到改造和升华，从而使人自身趋向完美。体育活动与政治、伦理、科技、艺术、社团文化活动等共同构成校园文化活动体系。

健身活动指校园人为增强体质而进行的体育锻炼。目的是使身体正常发育，身体各部分协调发展，增强人体各器官系统的功能，提高力量、耐力等素质，以进行有氧代谢的锻炼为主。活动项目包括：田径、球类、水上运动、冰雪运动、散步、跑步、气功、武术、体操、广播操等。校园健身活动是学校体育活动的内容之一，主要在体育教学以外自发进行。课外健身活动，要根据学生的爱好和特点，坚持小型多样、灵活分散、持之以恒的原则。

健美活动是为了人体的健与美而进行的体育锻炼，包括健美训练操、韵律操、减肥操、舞蹈、艺术体操等。健美活动是体育教育活动的扩展与补充，又是体育文化活动的重要内容之一。作为健与美的艺术创造，健美操的操练过程正是一种美的展示和体验，它以充满时代气息的面貌走进校园文化。它那激烈欢快的旋律、健美有力的动作、鲜明的节奏、迥异的风格，令人耳目一新，给校园灌入了一股新鲜空气，给校园休闲生活增添了绚丽色彩，提高了休闲娱乐活动的文化品位。开展课外健美操锻炼，不但全面增强了学生体质，与学校体育教育相辅相成，而且引导学生追求健康美，提高学生的审美能力和完善学生的个性品格，使学生积极向上，朝气蓬勃，有利于抵制颓废情绪对校园文化的侵蚀。

高等学校要争取每年开一次全校性的综合性运动会。其目的，一是可以推动学校体育事业的发展，增强大学生体质；二是可以营造一种加强体育锻炼的气氛。同时，在有条件的项目上，要经常举办各种单项比赛，特别是一些集体项目，既可以达到锻炼身体的目的，又可以培养学生的集体主义精神。高等学校除了开展一些比较正式的比赛外，更重要的是要抓好群体性的体育锻炼，使学生早操、课间操和课外活动真正开展起来。高等学校学生“睡懒觉”的现象比较常见，要有组织地开展晨练活动，有条件的学校还可以组织一些单项体育学生组织，鼓励他们自主活动。还要培养学生热爱祖国体育事业，关心国家各项体育发展状况的习惯，如遇有重大国际体育比赛，要组织学生观看电视录像，写评议，提建议等。体育活动还可以锻炼人的心智和魄力，不仅局限于室外活动，室内活动也可以，如健美操、棋类和桥牌等也都是体育运动。

三、读书活动形式

高等学校的学生，文化修养较高，思维敏捷，眼界开阔，对前途充满理想，对生活充满信心，有充沛的精力和强烈的求知欲。他们对一切相关的知识和信息都抱有极大的兴趣，关注世界发展的趋势，关心社会主义现代化建设前进的步伐，关心社会主义生活中的一切新生事物。因而，青年学生对能够获取知识、交流经验、开阔视野、培养能力、展示智能的科技活动、读书报告会、学术讲座等形式多样的读书活动有着浓厚的兴趣。高等学校的各级党团组织要充分发挥组织优势，积极引导青年学生多读书、读好书，帮助其加深对课堂所学知识的理解，培养他们的科研能力和创新能力。

（一）读书活动的特点

1. 导向性

大学生在校学习期间，免不了与社会的方方面面产生千丝万缕的联系，社会上的各种思想和现象必然会通过这些联系影响到学校中来，对于这些思想，如果在学生读书学习的过程中不给予正确的引导，就有可能给学生带来消极的影响，造成学生思想上的混乱。因此，引导青年学生多读一些健康、高雅和激励向上的书籍，增强他们明辨是非的能力很有必要。

2. 层次性

不同年级、不同年龄及来自不同地区和民族的学生的兴趣、爱好、接受能力不尽相同，要逐渐地、分层次地引导青年学生的读书活动，以收到良好的效果。

3. 多样性

由于在校学生的经历、性格和情趣等各不相同，这就要求高等学校组织的读书活动必须丰富多彩、生动活泼，才会富有吸引力。大学生有大量的课余时间，学校应充分抓住这些课余时间，组织学生开展各种健康、向上、有益的系列读书活动，这是提高学生思想政治素质、社会实践能力、科研能力的重要途径。

总之，学校要使读书活动经常化、多样化，满足学生多方面多层次的需要，使学生的修养、能力得以提高。

（二）读书活动的形式

1. 读好书活动

高等学校的学生工作部门和各级群众组织要经常向全校师生提倡“每月读一本好书”，形成一种具有一定导向性的读书热潮。读书范围可以根据形势和专业学习需要予以确定，也可以不确定范围。如果每个大学生能坚持每月读一本书，那么大学四年就可以读近50本书，知识水平和知识结构都将有很大的改变。

2. 组建读书小组

根据青年学生各自的兴趣和爱好的不同，学校要积极鼓励和引导志趣相投的人自发地组成专题读书小组，每人每周要读一本好书，写出读书心得体会，定期交流和探讨。读书小组的每个人把自己一周内所读的书详细介绍给其他同学，这样在短短的一周时间内，小组中的每个人就可以精读一本书，泛读若干本书。

3. 撰写书评和札记

这种读书活动可以指定或不指定书目。通过给学生提供一定的创作园地和展示机会，让他们自己创作书评和札记，激发他们的读书热情，这样既丰富了青年学生的知识，又提高了他们概括、分析和写作的能力。

4. 举办读书讨论会

每一本书都是对一定问题的一种看法、一种思路，对照实际问题，每本书又都有其自身的局限性。在一定时期提出要讨论和演讲的主题，号召学生有针对性地阅读有关书籍，参与讨论和演讲。在高校校园里举行辩论会就是一种很有效的形式。每次举行辩论会都会形成一个读书小热潮。当然，辩论会的不足在于只有正反两方，很多问题不可能是非此即彼的。读书讨论会的形式可以多种多样。

5. 开展读书竞赛

通过多种形式的评比，选出全校的“百书研读的先进个人”，授予“博览群书”的荣誉称号。竞赛也可以是多种多样的，可以是指定或不指定范围的读书知识竞赛，也可以组织看谁读的书最多、谁的知识最丰富的竞赛，可以是现场抢答，也可以是问卷征答。

6. 举办图书交流活动

很多学生都拥有自己的一些很好的书籍，为能促进这些书籍被广泛地利用，提高青年学生的读书兴趣，可以定期举办图书交流活动，也可以成立一个“交流书店”，进行图书交流和有偿读书。书店可以给予提供图书的同学一定的报酬，向借阅图书的同学收取一定的租金，还可以用开展图书交流积存的费用和收取的租金成立一个奖励基金，用以奖励提供图书最好和最多的同学。

7. 充分利用图书馆

图书馆是学校图书的宝库，每个学生都应当把它当作求知的主要场所。图书馆可以采取多种形式鼓励学生多读书，读好书。如图书馆发一个“读书卡”，每个持卡者在图书馆读书都可让图书管理人在卡上记录读书的时间和读书的类别，学期末根据记录结果计分，给予分数最高的同学以精神和物质上的奖励，并为其在图书馆读书提供更多的便利。

四、社团组织形式

高等教育发展比较成熟的地区普遍坚持大学自治和学术自治，使得高等教育的个性化和高校的特色化成为可能。在美国校园文化建设当中，个性化的教风和学风体现得尤为明显，呈现出教学模式多样化、课程体系个性化、实践活动个性化的特点。在课堂上，学生随时举手发言，反驳教师的观点，畅所欲言，尽情展示自我；在课后，对于各项校园文化活动，尤其是学生社团活动，他们相当投入，而且花样繁多，按照自己的喜好或设计方案行事，在活动中体验快乐，获得技能，求得个性发展。

随着我国高等教育与国际教育的加速接轨，当前我国大学生的思维方式、活动方式都发生了很大的变化，学习、生活的个性化趋势愈发明显，传统的按照院系班组形成的集体活动吸引力减弱，大学生社团日益成为高校中具有重大影响力和凝聚力的群体。参与学生社团，是学生构建完整丰盈的精神世界、探索智慧浩瀚的知识世界、创造丰富充实的生活世界的重要方式，受到为数众多的大学生的认可。

大学生社团组织一般是指在校大学生基于兴趣、爱好和志向等因素自我成立或由学校有关部门倡导扶持的学生群体组织，带有较强的自发性，以共同的兴趣、爱好和追求等需要为引力，以感情共鸣为纽带自发而成，有一定的内聚性。加强社团的管理，必然促进校园文化的建设，并且，随着高校的改革与发展，几所高校的合并或几所大学互相承认学分，跨校上课，那将会削弱传统中的班、系的管理，那将来维系、约束同学之间的群体组织，或许更趋于是社团。社团的作用在未来的学校教育中将更显其重要性。因此加强社团管理，促进校园文化建设是思想政治教育义不容辞的责任。加强社团管理，应做到以下几点。

首先，帮助各种社团建立规范的制度体系，如社团建立时如何申请，社团的规范管理、统筹，社团的联席会议制度，这些都需要规范的指引。

其次，加强引导。社团沉寂无声，其中原因之一是缺乏必要的指导，社会成员得不到足够的培训，以至于人才凋零，社团缺乏凝聚力，社团显得散乱，社团成员功利性过强。这就需要加强引导，克服盲目性、随意性，抓住重点，抓住特色。

再次，发挥社团的自主性，让学生来担当活动的组织者的角色，让学生得到更多的锻炼和自我表现的机会。

最后，拓展社团活动空间，加强校际交流以及与社会的联系，让青年学生的努力得到更多的认同。当今的社会需要复合型人才，社团的发展亦将会趋于多元化、社会化，思想政治教育在适应这种发展变化的同时也改变了自身的教育观念，即以学生为本，注重学生的全面发展和个性的培养。

五、专题教育活动形式

所谓专题教育活动，就是在特定的情况下，在一定的时期内举行的有一定主题思想的教育活动。这是学校常规教育的有益补充，也是加强日常思想教育必不可少的手段，可以补充一些常规教育学不到的东西，更可以解决一些常规教育解决不了的问题。

（一）专题教育活动的优越性

1. 形式多样

专题教育活动可以是临时性的，也可以是常规性的；可以是非正式组织的，也可以是正式组织的；可以大规模，也可以小规模；可以根据需要而灵活决定。

2. 主题多变

每年的重大节庆日都可以找到专题教育的主题，如“五四”青年节、“七一”建党节、“十一”国庆节、“一二・九”运动纪念日等，由不断变化的社会形势必然会推出来新的主题。

（二）专题教育活动的内容

1. 形势政策教育

随着社会变革的不断深化，形势政策也不断变化，所以要紧紧围绕时代变革的主题进行教育，使学生的思想主流能跟上形势的发展，对社会的发展有一个清醒的认识。

2. 爱国主义教育

虽然这种教育可以寓于常规教育之中，但总体上效果不如专题教育更理想。通过每年固定的“十一”国庆节、“五四”青年节、“一二·九”运动纪念日等，都可以营造良好的爱国主义、社会主义教育的主题和气氛。此外，还可以通过祭扫烈士陵园、瞻仰革命遗迹、参观革命历史博物馆等来进行爱国主义和社会主义教育。

3. 艰苦创业教育

高校要加强对大学生的成才理念、创业意识和能力的培养，引导大学生树立正确的择业观、就业观和创业观。

4. 诚信教育

高校要把对大学生的“诚信”教育列入专题教育的范围。大学生作为今后社会、经济活动的重要力量，必须牢固树立信用意识。一些专家们认为，诚信作为一个人最重要的品质之一，是社会中人与人之间相互交往和合作的基础。教育的首要目的就是要教育青年学生学会做人。

5. 民主法制教育

虽然我国的民主法制建设有了很大发展，但民主法制教育还需要不断加强，一方面要提高学生的民主意识，另一方面也要增强学生的法制观念。青年学生好奇心强，有时涉猎一些外国的书籍，了解一些外国民主的情况是必要的。但若不加强本国的民主教育，就会使他们认为中国的民主也应和外国的民主是一样的，甚至形成对中国现有民主制度的误解。除了在常规教育中要树立有中国特色的民主意识之外，还要借人民代表大会换届选举、学生代表大会召开之机进行专题性的民主教育，提高学生的民主意识。法制观念在大学生中仍很淡薄，应通过法律知识讲座、法制宣传月等活动形式，经常开展法制教育。

6. 环境意识教育

人类生产力发展的步伐越来越快，物质财富越来越多，但人类生存的环境却在不断恶化。环境问题已经不是个人的问题，而是全人类共同的问题。所以，环境意识在今天比以往任何时候都更加重要。高校学生已经具有一定的环境知识，还要采取形式多样的宣传，教育广大人民群众，增强环保意识。要通过在“植树节”种植纪念树等义务劳动，绿化荒山野地，使学生了解最新的环境变化情况并增强环境意识。

7. 军事国防教育

保卫国家安全，人人有责。每个人都应当具有基本的军事技能，以便自己能在必要时保卫祖国。通过军事训练以及与部队干部战士联谊等形式，提高学生的军事能力，增强国防意识。

第二节　科研学术类活动形式

一、参加科研学术类活动的意义

（一）改变思维定式

在现实生活中，不少大学生并不缺少知识和经验，其所在学校的科研学术环境也相对较好，其本人也有较强的意愿，但经过一番努力后所获的科研成果并不能令人满意。究其原因，很大程度是存在思维模式障碍。所谓思维模式，简而言之，就是人在思维活动中已形成的定式，它是思维内容与思维方式的统一。思维模式障碍是影响学生开展科研学术活动的重要因素，学生应在日常的学习实践中努力克服。然而，人的思维模式并非一成不变的，而是在后天的学习和实践中不断发展与完善的动态系统。人们习惯在已形成事物的基础上不断创新，发掘新事物，在过程中表现出创意智能。也正是人类有了创意智能，人的思维模式才得以不断完善和发展。开展大学生科研学术活动首要的就是不断消除学生墨守成规、迷信权威、人云亦云、先入为主等常见的思维模式障碍。

当代大学生要冲破“书本定式”“学术权威性”等传统的束缚，对书本、对老师所讲内容及知识要敢于质疑，带着批判意识去学习，逐渐培养批判精神。学校在组织开展的科研学术活动中，应注意引导大学生以审视的眼光看待现有知识、理论及研究成果，并且要引导其积极参与科技创新竞赛、科研项目等活动，寻找现有理论、工艺和成果中存在的问题，通过对现有成果的批判、改良和升级，形成新的研究思路和方向。通过各类科研学术活动的开展，有意识地培养学生的批判精神，引导学生敢于突破传统思维的束缚，掌握建立新观念的有效方法，掌握良好的思维技巧，这是大学开展科研学术活动的目标定位之一。

（二）完善知识结构

大学生创新能力基于广博的知识和良好的素质，而不是仅仅掌握单一的专业知识。因此，加强大学生科研教育的内涵更新和外延拓展，构建合理的课程体系成为开展学生科研学术活动的基本步骤。学校应在科研学术活动前期及时完善学生知识结构，应做到以下几点。一是要优化课程结构，按照“少而精”的原则设置相关必修课，确保学生掌握较为扎实的基础知识；二是要提高学生获得科研学术资讯的手段，使学生有机会接触学科发展前沿领域，了解学科发展趋势，掌握未来变化规律；三是要开设创新实践类相关课程，用实践活动不断增强学生的创新意识；四是要扩大科研学术类选修课的比重，优化学生知识结构，激发学生研究兴趣，提高其参与创新的积极性。

扎实的专业知识在学生开展创造性活动中起先决作用，它既包括本领域专业知识的深度，又要求知识结构的合理性，即对于相关学科特定知识的掌握。因此，要想提高学生的科研能力，必须引导大学生在科研学术活动中吸收、学习更为深刻和广博的知识，在丰富知识积累的基础上加工创造，提出自己的独到见解。

（三）培养科学思维方式

大学生在参加任何形式的科研活动时，除老师的必要指导外，更多时候要经过自己的反复思考和不断探索。在这个过程中，需要查阅大量的参考资料，钻研理论难点，掌握扎实的基础知识，拓宽知识面，加强必要的科研技能。经过这一系列的实践，大学生的知识水平必然会得到很大的提高，思维能力和实践动手能力也会进一步加强，所以，科学研究是大学生成长过程中必不可少的一环，同时，科研对于培养大学生的科学思维方式也具有十分重要的作用。科学的思维方式只有经过严格的训练才能形成，单一的教学、传授和接受知识，难免造成学生的思维方式机械、呆板。把具有指导性和创造性的科研活动引入教学，必然会促使学生积极思考，打破原有的思维框架，研究项目本身及其发展规律，从而开阔视野、启迪思路，增强科学思维能力。

（四）培养开拓创新能力

一个合格的大学生必须具备多方面的能力，主要表现在注意力、观察力、思维力、想象力，专业能力和科研特有的技能和专长，以及自学能力、研究能力、分析问题和解决问题的能力，更重要的还有创新能力。这些能力的获得，除了学习书本知识以外，还必须亲身参加社会实践，探索自然和社会规律以获取直接的知识。高校应充分挖掘大学生的聪明才智，使他们在了解科学发展的前沿知识的基础上能够坚持不懈地开拓人类新的认识领域，推动人类社会向前发展。

（五）增强社会适应能力

通过参加科研活动，有利于增强大学生的各种适应能力，让大学生学会正确处理所学专业与事业发展之间的关系，更加了解、熟悉和热爱本专业，增强适应将来工作的能力；通过探讨问题、发表意见和分工协作等方面的训练，可以增强在集体中生活的能力；通过科研过程中广泛与科研组织以外的人、事和组织打交道，可以增强适应社会的能力；通过参加以科技为中心内容的社会实践活动，经常与国家的经济、科研以及其他事业的发展保持密切的联系，有助于理论同实践相结合，可以增加对社会的了解，增强事业心和社会责任感。总之，参加科研学术活动极有利于大学生的健康成长和全面发展。

二、科研学术活动的内容

（一）传授科学文化知识

高校要抓好大学生基础教育，优化科技创新教育课程体系，深化学生的专业知识学习，不断拓宽知识的广度，特别是开设一些应用范围广的交叉学科的选修课等。这样可使学生在丰富知识积累的基础上进行加工创造，提高大学生自身的综合素质和科研能力，为更好地开展科研学术活动做好充足的知识储备。

（二）开展学术讲座

针对不同专业、不同年级学生的特点，有针对性地引导学生参加不同层次的学术讲座。对于大学低年级学生，应更加注重进行专业基础教育，使其充分了解自己的专业方向，加强对专业的热爱和认同感，提高对各自专业的学习兴趣；对于大学高年级学生，主要进行学科前沿情况教育，使其了解自己所学专业的世界前沿领域，进一步培养学生的创新能力。

（三）培育学术型社团

学生社团是由一些兴趣、爱好相同的学生组成的学生群体，在开展科研学术活动的进程中，将对科研学术感兴趣的学生聚集在一起，成立科研学术类的社团，势必对大学生创新素质和创新能力的培养产生积极深远的影响。高校要在建设学生社团的同时，加大对科研学术类社团的投入力度，推动学术型社团的发展。通过兴建、培育和发展一大批优秀的学生社团组织，如机器人协会、数模协会、学生科技创新协会、计算机协会等，来提高学生对科研学术活动的兴趣，培养其科技创新能力。

（四）构建科研学术团队

构建优秀的科研学术团队是大学生科研学术活动成功的关键。大学生科研学术团队包括项目组成员、指导教师和管理教师三个部分。高校要从制度上进一步保障科研学术项目组成员有合理的专业背景和年级结构，鼓励科研项目多、经费充足的高职称、高学历教师参与大学生科研学术项目指导，充分利用学校团委、教务处以及辅导员和学生接触多、关系密切的特点，发挥其在学生参与科研学术活动方面的督促和引导作用。鼓励不同年级、不同专业的学生组队，提高团队内成员间的交流与合作，增进不同专业的知识互补性，砥砺学生的团队合作精神。

（五）实施科研项目研究

大学生参与科研学术活动的过程是一个复杂的过程，包括学习、模仿、创新、应用等环节。各学生科研团队既要学习科研规范，又要选择适合自身能力的科研项目。应注重引导各大学生科研团队选择结构合理、项目难度适当、研究计划可行、指导教师到位的研究项目。处于起步阶段的学生团队，可以先创建兴趣小组、基础课题立项，通过学校拨款、企业赞助等形式筹措经费。各学生团队在经历科研课题申报、立项、过程指导、评审、验收、奖励等过程中，不断历练和提升。

三、科研学术活动的组织和管理

（一）合理安排时间

从以往的情况看，高年级本科生由于已经掌握了专业基础知识和技能，具备了一定的研究能力，参加科研活动的机会较多。实践表明，低年级学生中确实存在一些学有余力的同学，也可以吸收他们参加科研活动。当然，不论是低年级的同学还是高年级的同学，他们从事科研活动的时间都是有限的，所以必须根据他们的实际情况，科学安排他们的时间，让他们参与一定的科研活动，如组织一些兴趣小组、学会等，从而让他们从活动中得到一些锻炼。高年级的同学可直接参加教师课题以及其他学术性、技术性较强的科技活动，发挥他们的专业特长，为他们今后的科研工作奠定良好的基础，促进他们成才。

（二）加强基础训练

基础训练是从事科学研究的必由之路。大学生参加科研学术活动不能急于求成，必须注重综合性基础训练。大学生参加科研学术活动，应包括对有关科学原理和方法的课程的学习，并通过科研实践掌握原理和方法的运用。还必须强调，大学生要通过实验、作业、课程设计、专业实习和毕业设计，掌握文献检索与利用、实验与观察、操作与检验、论文技巧等形式，掌握科研的基本技能，这是大学生参加科研学术活动必不可少的条件。

（三）调动科研积极性

科研经费是大学生参加科研活动的物质保证。为了鼓励学生积极参加科研活动，学校应设法多方筹措资金。一方面，学校应逐年拨出一定额度的经费支持学生从事科研活动，重点项目经费由学校统一管理。同时，各系、各部应有计划地为学生科研项目提供各种实验条件，并提供一定的经费支持。另一方面，学校还可支持学生科研走向社会，从事调研、咨询、科技开发活动。学生科研学术组织可以和社会企事业单位签订科研学术合作合同。对于学生科研学术活动的正当收入，学校应计划收入分配方式，奖励给学生，以激发学生的科研积极性。

（四）重视计划指导

大学生由于受科研学术能力、科研学术水平、科研学术活动形式以及科研时间等因素的制约，其参加科研学术活动的机会相对有限，缺乏完善的考核办法。随着大学生科研学术活动的增加，学校需要成立学生科研学术活动领导小组，具体负责学生科研学术活动的组织工作，确定项目，落实经费，安排实验时间及场地，并可以聘请科研学术指导教师，加强对学生科研学术活动的规划指导。同时，应重视对大学生科研效果或成果的评价，并将其与大学生发展和就业紧密联系起来，建立鼓励大学生积极参加科研活动的制度。

（五）教科研相结合

把科研活动与教学活动紧密结合起来。加强大学生的科研学术活动，最好的途径是把这种活动纳入教学过程中，使它与教学活动紧密地结合起来。一方面，将科研的目标、方向和手段等体现于教学过程的各个环节，实现科研过程教学化。另一方面，通过教学与科研的紧密结合，实现教学的各项目标，特别是培养创造能力的目标。

教学与科研的结合，能有效地推动青年学生创造能力的发展。第一，当学生把学习与科研活动结合起来时，在心理上形成了已有的水平和状态与发展要求所引起的新的需要的矛盾，这一矛盾构成了创造能力发展的动力。大学生的科研学术活动，对他们的知识水平和操作能力提出了更高的要求。同时，在创造活动中，不断地“内化”为一种新的发展需要。在一定的创造目标的导向下，这种发展需要能激发和增强他们的创造动机。通过不断的学习和科研活动实践，他们的知识水平和创造能力都会获得新的发展。第二，学生的科研活动成果，通过教师、同学和社会的评价，对学习活动的目标、内容和方法具有一种积极的调节作用。比起单纯的考试分数调节，这更能促进有效的创造性教学，从而推动创造能力的发展。

第三节　技能培养类活动形式

一、社会实践活动

（一）社会实践活动的内容和形式

社会实践活动的内容和形式是丰富多彩的，而且是不断发展的。近些年来，一些高校从实际出发，因地制宜，因人制宜，多层次、多渠道以及多形式地开展社会实践活动，创造和丰富着社会实践活动的内容和形式，大体可分为以下几种。

1. 参观考察

参观是粗略的观察，了解事物概貌；考察比参观更为细致深刻。参观考察一般包括到基层了解国情、民情，参观重点建设工程和经济特区，走访先进地区和先进人物，参加专题调研和征文活动，等等。这种参观考察一般是分专题进行的，如“改革开放考察团”“老少边穷地区参观考察团”“重点工程考察团”等。

2. 社会调查

带着实际问题或依据社会需要，有目的地对某一社会课题进行周密的、系统的调查研究，从中了解社会、认识社会。近些年来，一些大学生利用假期进行社会调查，深刻地了解了国情，从中受到思想和工作方面的良好锻炼。

3. 智力服务

用自己掌握的科学文化知识和相应的能力为社会服务，从而对自己的工作能力和实际本领进行锻炼和检验。例如，走上街头开展知识咨询服务；深入基层开展文化卫生服务；举办科技文化和实用技术培训班，帮助贫困地区发展经济；协助企业解决某些生产技术问题；参与地方社会经济发展战略研究；向地方和企业转让科技成果等。

4. 基地活动

基地活动是一种活动场所相对稳定，活动内容相对统一的社会实践活动形式，按照学校和基地互惠互利、双方受益的原则建立长期、固定的联系。基地活动有利于学生进行多方面的实践活动，促进书本知识向实践知识的转化。这是社会实践活动很有发展前途的一种形式。

（二）社会实践活动的组织实施

大学生参加社会实践活动，应在学校有关部门的统一领导和组织下进行。在组织社会实践活动过程中必须坚持两个原则，并注意做好四个方面的组织准备工作。

1. 社会实践活动坚持的原则

①以受教育为主的原则。大学生在社会实践活动中要受教育、长才干、办实事、做贡献，其中要以受教育为主。高等院校的根本任务是培养社会主义事业的建设者和接班人，学校的一切工作都要为实现这一根本任务服务。组织大学生参加社会实践活动，也一定要围绕这一根本任务，把在实践中接受教育，提高思想觉悟作为出发点和落脚点。同时，大学生用所学的知识为地方和企业服务，这既是双方受益的，也是现实可行的。要防止片面强调“办实事”“做贡献”，而忽视“受教育”。如不注意这一问题，就会失去社会实践活动的根本意义，达不到预期的目的。

②面向基层、深入实际、讲求实效、就近就便的原则。大学生的社会实践活动，要到我国社会主义建设和改革的第一线去，要深入人民群众中去。在组织社会实践活动的同时，要从学校的实际出发，开展适合本校特点的活动，还要从所在地和单位的实际出发，努力为它们提供服务，避免与它们的改革和建设脱节。为了组织更多学生参加社会实践活动，要提倡就近就便开展活动。

2. 组织和实施社会实践活动

①明确开展社会实践活动的根本目的。引导和帮助学生了解我国改革开放以来发生的巨大变化，加深对党的基本路线的认识，坚定社会主义信念；摆正自己与人民群众的关系，了解社会主义市场经济的发展给我国经济带来的勃勃生机；认清我国实现社会主义现代化任务的艰巨性，增强社会责任感。在此基

础上，还要明确每次社会实践活动的具体目的、任务和要求。

②做好计划安排，把课堂学习、调查实践和承担任务结合起来。要具体研究和确定社会实践活动的方案，选好活动地点，制订具体的实施计划。要组织协调各部门的力量，充分发挥教师的主导作用，共同做好思想和组织工作。规模较大的社会实践活动，应由校领导或有关部门负责人亲自带队，并选派得力干部和教师加强指导。

③对学生进行思想动员和集训。在开展社会实践活动之前，学校应对学生广泛进行思想动员，使学生认清参加社会实践活动的重要性、必要性和所要达到的目的；要引导学生注重在实践中学习，提高思想觉悟和实际工作能力；发扬艰苦奋斗精神、勇于吃苦，自觉锻炼自己。对参加较重大、较复杂的社会实践活动的学生，要进行必要的集训。

④建立考核制度。社会实践重点在于引导和发挥每个同学的主动性和积极性，教师只做原则上的指导，既不包办代替，也不撒手不管。在完成相关的调查后，每一个同学都应写一篇调查报告，这样有利于发掘每一个同学的潜在能力。实践证明，在大力发展社会主义市场经济、深化高等教育管理体制改革的新形势下，为了增强竞争能力，提高教学水平，必须努力加强实践环节，培养学生各方面的能力。在新的形势下，对社会实践还要积极进行探索，力求形式多样，讲求实效，不断闯出新路子。

二、勤工助学活动

勤工助学是学生利用课余时间进行科学技术、文化服务或劳务服务，把服务所得作为补充学习生活费用不足的兼职活动。这是校园文化活动的一项重要内容。勤工助学以取得经济收入为目的，与一般的义务性、受教育性的社会服务不同。由于勤工助学既为社会、为他人提供了服务，同时也获得了经济收入以补充学习生活费用，因而是校园文化活动中很受欢迎的一种活动形式，在国外高等院校中也是非常普遍的。

（一）勤工助学活动的意义

勤工助学活动是全面贯彻党的教育方针，加强对学生劳动观念教育和劳动技能的训练，提高教育质量，培养全面发展的社会主义一代新人的重要途径之一。勤工助学活动的意义如下。

①勤工助学活动有助于大学生接触社会、了解社会。通过参加勤工助学活动了解国情、民情，了解社会主义建设和改革的实际，了解人民群众的思想感情，

更深刻地感受社会对知识的渴求和对人才的需求，从而进一步激发青年学生勤奋学习、发奋成才的学习动力，增强社会责任感。

②勤工助学活动有利于大学生树立劳动观念，珍惜劳动成果。通过参加勤工助学活动，亲身体验劳动的意义，有利于学生树立劳动观念，还有利于学生养成珍惜劳动成果、勤俭节约和艰苦创业的良好行为和作风。

③勤工助学活动有利于大学生施展才能，增长才干。大学生通过参加勤工助学活动，用所学知识为社会服务，可以把书本知识转化为实践知识和技能。学生可根据社会实际需要，发挥自己的专长和特点，这为充分施展自己的才能提供了实践的舞台。同时，在实践中不断丰富社会知识，培养创造能力和管理能力，增长才干。

④勤工助学活动有利于改善困难学生的学习和生活条件。当前，高校中有不少经济困难生，通过勤工助学活动，用诚实的劳动换取一定的报酬，作为学习和生活费用的补充，在一定程度上缓解了这些学生经济上的困难，改善他们的学习和生活条件，从而能够较好地完成学业。总之，勤工助学活动是一项于国家、社会、学校、学生都有利的活动，随着我国社会主义市场经济的发展，其将得到迅速的发展，并在此过程中不断完善。

（二）勤工助学活动的类型

高等学校学生勤工助学活动的类型是多种多样的，按付出劳动的形式可分为智力型、体力型和经营型三种。

1. 智力型

智力型勤工助学是以创造性劳动或智力输出为基本特征，以学生用所学知识服务于社会为基本方式的活动。其活动又分为两种具体形式：一种是智力开发，即综合运用所学知识进行创造性工作，为社会直接创造物质财富和精神财富，如科学研究、技术开发、技术推广、技术改造、科技发明和制作、生产和社会管理、社会经济发展战略研究等；另一种是智力服务，即将所学知识直接服务于社会，但不一定直接产生经济效益，如开发科学技术、提供文化咨询服务、举办科学技术和文化培训班、出任家庭教师、从事修理服务等。

2. 体力型

体力型勤工助学是以体力劳动为主的劳务活动。这类活动有利于培养学生的劳动观念和奋发向上、吃苦耐劳的品质。体力型勤工助学的主要形式是各种有偿劳动，如环境卫生包干、校内外工程建设劳动、资料抄写整理、校园的值班保卫、到企业和服务行业任临时雇员等。

3. 经营型

经营型勤工助学是以简单经营为手段，以劳务性质为主的商业性劳务活动。这类活动与经商活动是有区别的，它主要是商业、旅游类院校的学生或经济类专业的学生，根据有关规定，有组织地举办实习性的商业经营实体。学生结合专业学习，参加经营管理。如实习商店、实习餐厅、实习饭店、实习性的文娱场所等。随着社会主义市场经济的发展，教育体制的改革，将促进勤工助学这一校园文化活动的发展，在其发展过程中也必然会出现更多的形式。

第四节　文体娱乐类活动形式

一、文艺活动

（一）文艺活动的形式

文艺汇演。通常是在重大的节日、纪念日，由学校党团组织、学生会和工会等部门联合推出的大型文艺演出。此类文艺汇演强调其整体的思想性和艺术性，融歌舞、戏剧、器乐演奏、曲艺等艺术形式于一体，给观众以全面的美的享受。

文艺比赛。这种形式的文艺活动与文艺汇演相比则强调其特有的艺术韵味，要求同学在某个艺术领域有所专长。经常举办的文艺比赛活动有“校园歌手大赛”“戏剧小品比赛”“戏曲演唱比赛”“吉他弹唱大赛”等。

高水平的文艺骨干和文艺队伍。要使学校的文艺活动常新且保持较高水平，必须在开展群众性活动的同时有意识地建立文艺队伍，培养文艺骨干。学校组织的话剧团、舞蹈队和合唱团等是这种形式的体现。

自娱自乐类文艺表演。有时班级、支部或社团也举办一些自己演出自己观看的文艺活动，同学们既是演员，又是观众，最大程度上活跃同学们的生活。

（二）文艺活动的特点

文艺活动的连续性和继承性。传统的文艺比赛和文艺汇演，对于保持一个学校的校园文化传统有重要作用。例如，某高校的校园十佳歌手大赛自 2000 年以来已连续举办了 20 届，从而形成了良好的传统，每年的歌手大赛都能吸引广大同学的目光，大家谈论的话题也往往与其有关。此类活动已成为校园文化的保留节目，成为校园文化苑里一抹最亮丽的颜色。

文艺活动的最大特色就在于它的新颖性。因此，在发扬优良传统的同时，还要不断开拓文艺活动的新思路。演讲是许多学校学生活动的一种重要形式，但运用过多容易使同学腻烦，在这种情况下，文艺的形式和演讲的内容结合起来的化装演讲应运而生，一经出现就非常受同学们欢迎。

文艺活动另一个特色在于它的时效性。文艺活动紧扣时代的脉搏，联系社会热点，快速便捷地推出精品活动。把文艺活动与学术活动结合起来，把新颖的形式和高雅的品位结合起来，正确引导广大同学的审美观。紧扣时代脉搏的活动，为校园文化注入新鲜的血液，使其永葆活力，时刻给人以耳目一新之感。

（三）文艺活动的开展

文艺活动是愉悦身心、美化心灵的良好形式之一，并不是可有可无的“软任务”。近年来，加强艺术教育的呼声越来越高，在环境育人中，文艺活动能体现出潜移默化的育人效应，因此必须予以正确对待，科学地组织和开展。

1. 加强文艺活动管理

（1）领导重视

对于校园内的各种文艺活动，在加强正确导向的前提下，学校应尽可能地从组织领导上、思想上给予指导帮助，努力培养高尚的审美情趣。对符合校园文化主流的活动要求，学校中有关部门应通力合作，切实解决在排练和活动时间、场地、经费、生活等方面遇到的实际问题，使学生们的文化艺术娱乐活动落在实处。实践证明，学校的文艺活动开展情况，与该校领导关心重视文艺活动的程度有直接关系。

（2）严格管理

相对于社会来说，学校是一个小环境，在改革开放的今天，校园文化活动必然受到社会思潮和文化的冲击，难免掺杂一些消极的、不健康的因素。特别是一些学生自发组织和开展的文艺活动，往往带有一定的随意性和盲目性，这就需要学校领导及有关部门统一规划，制定切实可行的规章制度和管理措施，加以妥善的引导协调，加强对文艺社团、舞会、演出的监督管理，严格履行审批手续，任何文艺活动的开展，都不能影响学校正常的教学秩序和生活秩序。例如，学生个人或团体不得随意邀请校外人员来校辅导或演出；班级开展的文艺活动，特别是舞会，需经系里批准；系里举办的文艺活动一般也需事先通知学校有关部门；全校性的文艺活动，多以班、系为单位，节目内容、时间等均须经文艺活动中心筹备组预先审定和彩排。

当然，对文艺活动的引导，绝不能用简单的行政命令方式处理问题，应当在符合广大师生意愿的基础上，将其引导到格调和层次更高的方向上去。应大力提倡自编自演的校园作品，用以歌颂时代、追求进步，使文艺活动健康发展、充满生机。

2. 组织完善文艺社团

要注意深入了解，在活动中善于发现人才，考察和选拔培养一批酷爱文艺、确有专长、作风正派、能自觉热忱地为集体服务的文艺骨干，吸收学生中的积极分子，组建和完善文艺社团。目前，各高等学校内的文艺社团有很多，如合唱团、活动社、舞蹈队、电声乐队、民乐队、管乐队、吉他协会、口琴协会、作曲协会、交响乐爱好者协会等，种类繁多，五花八门。对属于普及的、群众性的文艺协会，切不可冷漠轻视、放任自流，要选派文艺骨干和教师热心扶植和辅导，提高水平，重点在于学习文艺的基础知识，逐渐培养提高。对能够代表院校水平的文艺社团，要委派专职辅导员及艺术教师花费较多的精力来组织指导，充分调动文艺骨干的主动性、积极性和创造性，在实践中应采取相应措施，加强管理和教育工作，健全一系列考核办法、奖惩制度，严格要求，训练有素，摆脱肤浅、急于求成的境况，循序渐进地提高文艺水准，推动其为全校的文艺活动做出示范和表率。

3. 因地制宜开展活动

由于每所高等学校的艺术教师、学生文艺骨干的水平不一，现有的条件设备差别很大，所以开展文艺活动要结合本校的具体情况，扬长避短，逐步形成自己的校园艺术风格和特色，切不可盲目攀比和模仿，基础较差的学校，要积极鼓励学生大胆实践，从头做起。为使校园文化活动趋于制度化、系统化，每学期（年）欲开展的文艺活动事宜，先拟订计划，做到人员落实、时间落实以及内容落实。学校每学期最好能举办一次文艺欣赏讲座，组织一次歌咏比赛，每年开展一次“文化艺术活动月”，有条件的可以举行专场音乐会，使学生享受高雅艺术。在教师节前后可安排一次师生联欢的文艺活动周。

4. 总结文艺活动经验

以文艺活动加强与社会的横向联系。在以校园内活动为主的前提下，学生需要通过文艺活动的渠道和窗口接触了解社会。学校在经费等条件许可时，可以请高水平的一流文艺团体或专家来校演出和指导。有比较、有鉴别和有目的地举办各种文艺流派作品或交响乐赏析专题会，不失时机地参加学校主管部门、地区（市）的文艺汇演、调演，有代表性地去实习单位、军训的部队等处慰问演出等，借以开阔视野，取长补短，不断丰富和更新文艺活动的内容和形式，使本校的文艺活动开展得更有声有色。

文艺活动是推动校园文化建设不可缺少的一部分。突击式地应付完成文艺活动任务，起不到教育人的作用，也达不到提高艺术修养的目的。只有坚持不懈地开展文艺活动，才能奠定良好的基础，摸索总结出较完善的经验，才能在端正校风、开展精神文明建设中发挥更大的作用。

（四）开展文艺活动的注意事项

1. 搞好三个结合

一是传统与创新的结合。文艺活动的生命力就在于它的独创性上，只有不断拓展思路，更新观念，才能使校园文化保持活力。但是，一味地求奇求新，又往往会造成文艺活动方向迷乱，缺乏整体的脉络，而以往的传统优势项目又确实有许多精华可汲取，因此，在开展文艺活动的过程中，要做好传统与创新的结合。

二是课堂教学与课外实践的结合。文艺活动作为校园文化的重要组成部分，其主要阵地在课外，这就要占据学生的很多时间，因此，协调好课内课外的关系，是非常重要的。有些学校为了丰富学生的学习生活，促进学生全面发展，开设了文艺相关的公共选修课，收到了良好的效果。

三是文艺与其他形式的活动的结合。任何一种文艺活动都不是纯粹的、单一的，有效地把几种文化活动有机地结合起来，找出共性，突出个性，常常会收到事半功倍的效果。

2. 遵循三个原则

一是从实际出发的原则。每个学校都有自己的文化特色，所以，根据自己学校的文化氛围，因地制宜地开展文艺活动，可以取得良好的效果。例如，某校根据自己学校戏剧底子好的实际情况，花大力气建设自己的剧社，请专业导演和艺术家进行指导，经过几年的努力，终于取得了良好的成绩，以该校剧社为班底组建的大学生戏剧团在各级文艺汇演中连续几年获得优异的成绩。戏剧表演成为该校校园文化最具特色的文艺活动形式。

二是逐步提高的原则。文艺活动要想在广大学生中保持永久的生命力，必须使他们在参与活动的过程中，既得到良好的艺术熏陶，又能够提高自身的艺术水平和鉴赏能力。因此，如何在开展文艺活动的同时，把文艺活动的层次逐步提高，是一个值得研究的课题。

三是勤俭节约的原则。办一切事情都应该勤俭节约。学校投入到文艺活动上的物力、财力是非常有限的，这就要求高校在开展文艺活动的时候，能够克服困难，因陋就简地展开工作。

二、户外游活动

（一）户外游的内容

随着校园文化的发展，参观旅游也为广大青年学生创造着多种多样的内容和形式。大体上可归纳如下。

观光游览。这是青年学生被异地他乡的风土人情、风景名胜所吸引，通过旅游获得美的享受的旅游形式。

文化旅游。这是为了加深对某种文化的理解，比如以历史、美术等为主题，一边参观一边了解研究有关问题的旅游形式。旅游结束后，可将收集到的资料汇集起来，专门进行研究。

实习旅游。这是利用到异地他乡实习的机会而进行旅游的形式。这种形式经济实惠、一举两得，但要受到实习地点及其他条件的局限。

徒步旅游。这是一种不借用任何交通工具徒步旅行的形式，这种形式使旅游者既能饱览祖国秀丽风光，又能增强体质，磨炼意志，是一种很好的体育锻炼方式。这种形式花费不大，深受学生欢迎，但它要求旅游者体质较好，一般以小型集体进行为宜。

骑车旅游。这是一种经济、方便的旅游形式，也是一种很好的体育锻炼方式。它比徒步更加方便，但它一般是在有公路的区域进行，需要有一辆较好的自行车。

野营。野营包括各种主题，主要有夏令营和冬令营两种形式。夏令营，内容丰富，形式主要可分为科技类、生物类、地质类、文艺类、体育类、军事类等。冬令营，主题集中，形式主要有雪地追踪、雪地大战雪雕、冰灯展览、冬泳、滑冰、滑雪等。

登山。这是以登山为主要内容的旅游形式。它不仅可以锻炼意志，还能激发学生的爱国热忱，培养学生勇敢、不畏艰险等的良好品质。但它需要集体或结伴同行，要做好周密的安排并注意安全。

集体旅游。这是有组织的，以集体统一活动为主的旅游形式，是学校开展旅游活动的主要形式，可以培养学生集体主义观念和相互关心、团结友爱的品质。这种形式的特点是人多，比较集中，需要有严密的组织安排，协调好大家的意见。

（二）户外游的注意事项

参观旅游活动不同于校园内开展的活动。近些年来，由于节假日的延长，境外旅游的人数逐渐增多，交通安全问题已是不可忽视的问题，一般不提倡组织集体旅游。对学生加强安全意识和安全知识的教育更显重要。因此，在组织实施中必须要注意以下几个方面。

1. 加强纪律教育

参观旅游活动不同于其他活动，虽然是以集体形式组织，但具体活动起来都是分散进行的，所到之处的各种环境都是陌生的，必须教育学生要有高度的组织纪律性。分散活动时也要结伴而行，严禁单独行动，以防走失、迷路，或出现其他意外事故。要教育学生增强时间观念，遵守时间安排，防止只顾自己玩得痛快而耽误集体行动的时间。

2. 加强安全教育

旅游是跨区域的室外活动，活动中易出现一些意想不到的事情。因此，要注重对学生进行安全教育。学生外出旅游前，要办理请假手续，要将旅游路线记录备案，便于联系和管理。例如，登山、游泳要注意安全，要有安全措施；行车时要遵守有关安全规定；要督促学生管理好自己的钱物，不要乱丢乱放；要注意饮食卫生，不饮不干净的水，不吃不干净的食品；暑天旅游要注意防止中暑或其他传染疾病，要准备一些必要的药品等。

3. 确定户外游内容

青年学生参观的兴趣广泛，在选择地点时要协调好大家的意见，尽量选择一个大家基本满意的地方。如果是初次旅游，选择地点时宜近不宜远，时间宜短不宜长，景致宜静不宜险。组织了数次之后，有了经验，便可做远程旅游，选择地点还要考虑学生的经济状况。要量力而行，时间安排一般选在节假日，以不影响学习为原则。

4. 提供知识资料

旅游是有意义的文化活动，对一个地点或一处文物古迹了解得越多，旅游兴趣越浓厚，所以出游之前尽可能多为学生提供一些资料，当学生身临其境时，就能更好地领略美景或体味前人诗文所写的意境，也许还会有更多的感受。

第八章　校园文化活动的管理方法

高等学校校园文化是社会主义先进文化的重要组成部分，高等学校也是中国特色社会主义先进文化的重要阵地、示范区和辐射源，因此高等学校应该通过各种活动和载体深入持久地加强校园文化建设，重视校园文化活动的开展，采取切实有效的方法，加强校园文化活动建设。本章就将通过对校园文化活动的决策方法、实施方法、评估方法对校园文化活动的方法进行详细的解读。

第一节　校园文化活动的决策方法

一、校园文化活动决策机构

（一）宏观决策机构

校党委、校行政或代表其行使校园文化建设决策权的校园文化建设指导委员会是宏观决策机构。宏观决策机构根据主管部门的有关精神，结合本校具体情况而制定出一个时期校园文化建设的总体方案。宏观决策机构是学校主要的校园文化专门组织机构和职能组织机构，包括文化艺术指导中心、艺术教研室、党委宣传部、校工会、校团委、校学生会等，在宏观决策的目标和方向指导下，制定校园文化活动的具体内容和方法。

（二）微观决策机构

工会分会、科室科研组、院系分团委、学生会以及班团支部、班委会、师生各社团、协会是微观决策机构，是保证宏观、中观决策的目标和方案在实际工作中实施的部门，是决策机构的末梢和终点。

（三）决策层次之间的关系

一方面，宏观决策机构在上级有关精神指导下，在对学校具体情况研究、分析的基础上做出决策，通过中观决策这一环节来指导微观决策，对微观决策反馈上来的信息，中观决策机构则及时给予处理，对原方案进行调整，修正并上报宏观决策部门审定。

另一方面，微观决策机构和执行点，通过接受宏观决策的间接指导、中观决策的直接指导，找到执行具体方案的最佳结合点。因此，加强和改善微观决策更具有实际价值。

二、校园文化活动的决策流程

（一）决策步骤

1. 针对问题，确定目标

问题是应有现象同实际现象之间的差距，在大学校园文化活动中，是指师生员工应有素质同现有素质之间的差距。目标是指根据一定的环境和条件，在预测的基础上解决问题所要达到的效果，是决策的依据。在大学校园文化活动中，目标是校园文化活动内容所体现的良好的系统化的素质目标。因此，决策的第一步要调查研究，通过分析决策的有关信息进行收集、整理、筛选，从中发现问题，找出差距，确定目标。

2. 依据条件，制定方案

这是决策科学化的基础，决策的大量工作集中于此。在这一步骤中，根据决策目标，从多方面寻找实现目标的有效途径，从而形成预选方案。一般分两步预选。第一步为初步设计，即轮廓性的设想，是用系统的观点分析事物的各种状态和相关因素，从不同角度和途径勾勒和预测出各种不同的方案。第二步是制定各种具体可行的方案，而且每一个方案应具备构成要素、相关因素及所需条件。比如在开展校园文化活动前首先要了解上级有关部门的精神、指示，掌握近期学校的各项活动及有关单位的工作情况，了解开展各种活动的基本条件等，然后从不同角度和途径提出活动的预选方案，包括活动的内容、形式、步骤、时间、地点、规模、规划、范围等要素以及所需的设施、人员、经费等。

3. 综合评价，方案选优

综合评价，方案选优，是运用各种科学决策方法，对各个预选方案进行权衡利弊，筛选淘汰，果断选择出最佳方案的过程。这里所说的科学决策方法包括经验判断法、择优法、典型模拟试验法等。其中经验判断法是一种简易的赞赏决策法，它是在占有一定事实材料基础上的经验决策。典型模拟试验是实验性方法，模拟的典型试点可以在局部范围内处理问题，纠正失误，修正方案，从而以点带面，全面推广可行性方案。综合评价，方案优选，这一步骤进行时应注意以下几个方面。

①注重综合效益的评估，即在损益值评估上，注重长期效益而决不急功近利，不受近期效应影响。

②注重综合指标，即把握可以用数据定量的“硬”指标体系，也重视不确定的“软”指标体系。

③追求实现的目标，追求最佳，这样既难以达到目标，又会丧失许多有利的选择机会，要切合实际地把握决策条件，适时做出满意抉择，然后再看一遍对应的设计方案，以弥补选定方案的不足。

（二）决策反馈

决策程序和步骤中有一个重要的内容，即决策的修正问题。形势是变化的，所以决策的主观条件、客观条件也是变化的，因此，决策要在不断的反馈中及时修正，以保证决策的科学性、正确性。决策的反馈修正方法有以下三种。

1. 回溯分析法

这是根据反馈信息，以原有决策为起点开始循序渐进地寻找误差的方法。

2. 非零起点法

一般决策都是由“纸上谈兵”开始，而逐步走向完善的，而决策修正并非都从“白纸”开始，即非零起点，而是在决策过程中进行的。它不仅伴随人、财、物等资源的损耗，而且其结果已对环境发生了影响。因此，非零起点法要求人们在校园文化活动中决策修正要果断，而且离“零”点越远越需慎重。

3. 双重选优法

一般决策的方案是从几个预选方案中择优使用的，而在决策修正中要求既吸收原有方案的可行之处，又要在新方案中进一步择优，以获得双重最佳化的决策。

第二节　校园文化活动的实施方法

一、校园文化活动的设计及原则

（一）设计概述

设计是未来行动的先期决策，是在一定时间内，为完成某项或几项任务，事先做出的明确而具体的安排，具有目的性、全面性、责任性、灵活性等特征。科学周密的活动设计是决策方案的进一步延续和具体化，是活动成功的基本保证。

设计阶段的工作，可分以下三步进行。

①明确目标、了解方案、分析现状。

②分析客观因素、抓住关键。

③针对要求制订措施及计划，包括某项活动开展的地点、负责人，活动怎样执行等。措施、计划要尽量做到具体、简明扼要，便于理解记忆，便于贯彻执行。

（二）设计原则

1. 导向性原则

《中共中央关于加强和改进思想政治工作的若干意见》明确指出，“在新的历史时期，思想领域的矛盾和斗争错综复杂，有时还表现得相当激烈”。思想领域的阵地，马克思主义不去占领，非马克思主义的东西必然会去占领。在经济全球化、文化多样化、价值多元化的新情况下，社会主义高校在文化活动建设过程中，尤其要坚持马克思主义的指导地位，坚持社会主义先进文化的发展方向，增强忧患意识。由于高校承担着培养德、智、体、美、劳全面发展的社会主义事业的建设者和接班人的历史重任，同时也是弘扬社会主义先进文化的重要阵地，所以，高校校园文化活动必须坚持以主流文化为导向，通过加强校园文化活动建设，引导广大学生树立正确的世界观、人生观、价值观，弘扬主旋律，使丰富多样、体现时代要求和学校特色的校园活动文化，不断满足广大师生日益增长的文化需求，努力把校园文化活动引向健康向上、有利于人才培养的正确轨道。

2. 并存性原则

校园文化活动要在主流文化导向的基础上，允许多种文化活动并存，促进校园文化活动建设。

（1）各类活动形式并存

形式多样的校园文化活动有利于表现丰富的内容，有利于塑造校园精神，使校园精神更加深入人心。以南京大学为例，可以将其校园活动分为以下几类。

①丰富校园生活类。全校有体育、文艺、科技、社科、语言、公益、报刊七大类社团。这些社团在校团委具体指导下，定期举行各种活动和学术讲座。

科技协会开展的现代性技能技巧活动，为培养未来科学家、工程师和企业家做好辅助工作。

②充实精神生活类。学校艺术教育中心从两个方面重点抓文化活动建设：一是文化艺术类公共课教学，二是国际国内交流。目前，南京大学已有艺术学硕士点，是全国高校同类机构中培养公共艺术教育高级人才的唯一基地，并且南京大学每年会举办数百场演出，广大师生每周（假期除外）也都能聆听到各个领域大师的精彩讲座，领略国内外文化名人的风采。通过各种活动的开展，让广大师生感受艺术的魅力，丰富了他们的精神生活。

③展示教工风采类。学校定期举行教师包括退休教师的书画展、琴棋赛、文艺演出等活动，这些活动为校园文化活动增光添色。学校女教授联谊活动则充分展示了女知识分子的形象和风采。

（2）多种活动内容并存

①传统文化融入现代性。传统文化要求社会成员注重道德修养、强调利他，“内圣外王”，达到推己及人、兼善天下的状态。这一追求个体至善与整体和谐统一的思想对于提高社会成员的自我修养、建设和谐社会有着重要的意义。校园文化活动建设需要继承传统文化的精髓，同时还要融入现代性的内容，既重视科学发展，又注重人文精神培育，既追求个人的完善，又谋求人类幸福与安康，促进人的全面发展、促进和谐社会建设。

②世界性融入民族性。校园文化建设要体现传统特色，继承和发扬中华民族重视道德建设、重社会价值的优良传统，还要借鉴西方社会重视科学价值、重视个体价值的做法，努力使高校校园文化在全球化背景下具有广阔的视野、开放的胸襟，保持理性的审视、辩证的思考，做到继承传统但不保守，与时俱进但不猎奇，实现传统文化与现代文化的对接、本土文化与外来文化的融合，为人类文明做出较大贡献。

③大众性融入高雅性。高校校园文化活动表现一定的价值取向，反映一定的思维方式和行为要求，这是由高校校园文化活动主体的素质、品位和修养决定的，由于他们的知识优势和创造能力，以及“人创造校园、校园再塑造人”的互动效应，使得他们头脑冷静，不盲目追风，从而决定他们在欣赏、接受和表现文化内容时，较一般人鉴别性强、懂取舍、注重更新。所以，高校校园文化活动来源于生活又高于生活、来源于大众又服务于大众。校园文化活动面向大众文化、接纳大众文化，同时又融先进性、科学性、艺术性于一体，使高品位的校园文化为大众所接受。在新的形势下，高校校园文化活动主动面向社会，服务社会，不仅在内容上适应时代的要求，体现现实性与超越性的统

一，还在形式上满足社会多层次的要求，体现大众性与高雅性的融合。

3. 渗透性原则

校园文化活动建设需要把社会主义先进文化渗透到学校的培养目标中去、渗透到学校的各项活动中去，力求取得育人的效果。

（1）渗透到学校的培养目标中

校园文化活动是社会文化活动的重要组成部分，体现了社会先进文化的特点和要求。因此，校园文化活动建设要注意发挥其前沿性、批判性、辐射性的优势，在育人目标上体现社会主义先进文化的特点和要求，渗透社会主义先进文化思想，努力营造良好的育人环境。

（2）渗透到学校的各项活动中

社团是高校校园文化重要载体之一，它在大学生的学习、生活和成长过程中发挥着重要作用。百年名校南京大学在20世纪初就有社团出现并活动于校园和社会。近年来，南京大学社团建设取得了更加辉煌的成就。校团委还成立了学生社团联合会（简称“社联会”）。“社联会”的成立为广大学生展示才干、提高能力提供了平台，展示了“新百年、新南大、新社团”的气象。以此为依托，各个社团坚持在各项活动中渗透社会主义先进文化教育，融思想性、知识性、艺术性、趣味性于一体，在校内外产生了巨大的影响。

4. 个性化原则

高校校园文化活动的形成过程、发展过程和发挥作用的过程，就是展示其创造性形式、创造性内容、创造性才能的过程。创新是校园文化活动发展、繁荣的动力源泉，校园文化活动创新则要体现个性化特征。不少高校从组织、制度上保证校园文化活动的开展；从形式到内容突出校园文化个性化主题——为培养理论功底扎实、创造能力强的一流人才创造条件，弘扬校园精神——做诚实创新、立德立言的校园人。国外高校校园文化活动体现个性化的某些做法值得我们借鉴。美国教育制度从总体上说，强调机会均等、培养竞争力，其方式是优胜劣汰，他们的校园文化活动体现了这一观念：注重实现自我价值，鼓励冒险，强调独立。因此，美国大学生的课外活动时间长，内容多，最有代表性的是学生社团和俱乐部的蓬勃发展。仅加州大学洛杉矶分校每年登记组建的社团就有700个左右。其中，最受学生欢迎的有体育、文学、音乐、演讲等各类活动。每年暑期都有大量学生到社会和国外考察调研，这些活动不仅使学生广泛接触社会，了解不同民族、国家和地区的风土人情，又使他们学到了知识，增加了收入，减轻了家庭经济负担。可以说美国学校注重培养实用型人才，这与他们开展的个性化的校园文化活动有关。

（三）设计要求

1. 注重整体性

随着素质教育的深入，校园文化的内容会得到进一步充实。因此，校园文化活动的设计，要树立整体观念，把各项建设和活动纳入整体规划，综合推进，整体提高。如在校园内栽树种花，既能绿化校园，美化学习工作环境，也能培养学生的良好习惯，丰富植物知识，形成良好的审美情趣，因此，对品种的选择、栽培的地点都要有所考虑。又如，在硬件建设的同时还必须及时出台有关规章制度，以保证校园文化活动的有效运转。

2. 讲究层次性

在发展过程中要讲究层次性，逐步完善。如校风，一般来说，一旦形成不会也不宜轻易改变，但如果学校整体性质有了显著的变化，就应及时做出调整。又如校舍，那些具有典型意义、反映了学校重要时期特点的应保存下来，这对今后入学的学生来说是一部“活”的校史教材。

3. 凸显教育性

校园文化作为一种教育形式，无论是硬环境还是软环境建设，都应有预期的目的，富于教育性，校园文化中的消极东西要坚决排除。如校内的建筑物不能设计成五颜六色的，而要体现校园特色，与周围的自然环境保持和谐。又如文体活动，要遵循学生的身心发展规律，而不能混同于商业演出，迎合庸俗需求或成人化。

4. 体现操作性

一方面，不同层次不同类别的学校在校园文化建设上要有所区别，而特定学校的校园文化建设则要从本校实际出发，考虑学校的历史、文化底蕴、师生特点及校园现有布局特色等，不可盲目攀比，不搞形式主义的“面子工程”；另一方面，在校园文化建设中要动员全校师生积极参与，集思广益，使其内化为自觉的行为。

5. 体现独特性

个性和特色是校园文化及其建设的生命所在，校园文化建设及其管理应追求特色，体现特色。在一定意义上说，校园文化建设和管理的意义，就是形成具有各自特色的校园文化。

二、校园文化活动的实施及原则

（一）实施概述

实施就是决策方案、计划的贯彻执行，是具体“做”的阶段。在这一阶段中，正确的实施方法能保证计划的执行。如开展一项较大规模的校园文化活动，要建立组织，以保证决策、计划、实施的有序状态，使活动取得圆满成功。这不仅要有精明的领导者在计划实施中统一指挥和协调，而且要有得力的执行者，能准确领会上级的各种指令，发挥其主观能动性，否则计划便会落空。如在系级文化活动实施过程中，系学生会主席、系团总支书记是领导者，年级、班学生干部则是具体执行者，活动实施的好坏很大程度上取决于这批人员的组织能力、语言表达能力、文化技能素质的高低。大学校园文化活动的有序状态体现了对决策、计划实施的有效控制。它包括对计划实施中所需的一切准备工作及可能发生的突发事件、偶然变化情况的预先控制，在计划实施过程中干部要身先士卒，明了情况，掌握全局，并严格按照计划、方案的内容具体落实等。

（二）实施原则

1. 统一领导与分层组织

加强领导是校园文化建设的保证。在校园文化建设中，高校党委要总揽校园文化建设的全局，把握好方向，做到统筹兼顾，突出重点，整体推进，促进校园文化活动深入持久地开展。学校要有专门机构管理，有规范制度约束，有评估指标考核。各部门要在学校统一指导和管理下，自主地、创造性地开展各种文化活动。校园文化建设仅仅依靠组织、制度是不够的，还要在加强领导、统一协调的基础上分层落实、分步实施。一般来说，教师文化活动由工会、老干部处等部门负责，学生文化活动由团委、学生会指导。有的高校有文化艺术教育中心、俱乐部等专门从事文化教育工作，指导校园文化建设。各校设立的机构不尽相同，可以根据实际情况，在学校统一领导下，层层落实，使校园文化活动生动而有序地进行。总之，校园文化活动只有实现统一领导与分层组织相结合，才能在复杂的新形势下，坚持正确的政治方向，警惕、防备敌对势力西化、分化主流意识形态，特别是利用文化渗透在高校争夺接班人，促进校园文化活动沿着正确的方向发展。

2. 宏观协调与具体实施

随着高等教育的大发展，学校规模越来越大，情况愈来愈复杂。校园文化管理要注意从宏观上协调，微观上管理，切实解决内容重复、时间冲突、资源浪费、活动分散、效果不明显等矛盾和问题。就社团建设而言，高校要认真落实好教育部、共青团中央关于加强和改进大学生社团工作的意见要求，积极支持学生社团活动，大力促进学生社团发展；切实加强对学生社团管理，引导学生社团健康发展；积极支持和引导学生社团依据国家的法律规范，按照各自章程，独立自主地开展理论学习、学术科技、文化娱乐、社会实践、志愿服务、体育竞技等活动；重视选拔培养学生社团负责人，使那些思想过硬、作风正派、素质全面、有社会工作能力的学生担任社团负责人；要加大对学生社团建设的投入，提供活动的必要经费；认真研究社团活动方案，制订好计划。当然不管是何种社团，都不得开展以盈利为目的的商业性活动，不得开展超出其宗旨的活动。学校要及时解散那种违反国家法律政策、触犯校纪校规的社团，处分那种盗用指导单位或其他组织的名义导致严重后果、背离社团宗旨、影响恶劣的有关负责人和成员，对于常年不正常活动的社团要劝其解散，从而确保社团工作取得教育人、锻炼人的良好效果。

3. 统筹安排与自主创新

加强对校园文化活动的统一领导，有利于分层管理；注意校园文化建设的宏观协调有利于分层落实。因此，校园文化建设要统筹安排，给予一定的政策指导，提供一定的条件，促进校园文化活动自主创新。

（1）内容创新

建立一个比较完整的素质教育内容体系，以促进内容创新，主要包括三个层次六个方面。三个层次有：第一课堂（主课堂）、第二课堂（课外科技文化活动）、社会大课堂（社会实践活动）。六个方面有：建立并实施文化素质教育课程体系；实行人文学科辅修专业制和双学位制；开设人文选修课；举办人文社会科学系列讲座，开展多种形式的校园科技、文化活动；广泛开展读书活动和社团活动；开展社会实践活动，并纳入教学体系。

（2）形式创新

校园文化建设要通过丰富多彩的活动形式来表现。校园文化创新要在开展有个性特色的文化活动中进行，培育和提升校园文化理念，塑造和建设校园精神，使校园文化理念和校园精神渗透到校园各个层面，渗透到校园人的心灵，为人才的培养、高校的发展提供精神动力和智力支持。

（3）制度创新

无论是校园文化活动内容的选定，还是校园文化活动形式的创新都需要有一定的制度制约，以保证校园文化活动的有序开展，不断提高校园文化的水平和层次。当前，经济发展和社会进步已极大地改变了当代高校师生的价值观念与思想观念，相对来说高校现行的某些规章制度还落后于时代发展的脚步，少数陈旧、不完善的制度成为影响高校发展、影响人才培养质量的障碍。如果不加快制度创新，将难以适应社会经济快速发展对人才培养的新要求。当前高校改革中的制度创新是推动高校发展、建设先进校园文化的有效办法。所以，制度创新同样是文化创新，校园文化建设要在制度创新上有所突破。要制定一些适应社会发展和时代要求的章程、条例、规定等，倡导与校园文化相一致的价值观、审美观的校园风气，规范成员的行为和作风，保证文化活动有序进行；要完善已有的办法、公约、实施细则等，促进校园文化建设切合实际，取得成效；要对校园文化建设进行科学评估，以评促建，以评促改，提高校园文化建设的实效性。总之，坚持制度创新，才能适应校园文化建设的需要；只有改革和完善有关管理体制、管理政策，校园文化建设工作才会有一个新的飞跃。可以说，高校生存在永无止境的精神追求之中，高校文化制度的创新将为高校无止境的精神追求提供条件和保证。

（三）实施工作

1. 组织资源

解决资源有限性与绩效最优化的矛盾，是管理的永恒主题。“巧妇难为无米之炊”，校园文化管理与其他任何管理一样都要有资源。这里讲的资源，是人力、物力、财力、信息、时间、空间等要素的统称。组织资源是校园文化活动开展必须具备的先决条件之一。不组织资源，就无法使校园文化活动现实地运作起来。组织资源决定着校园文化活动的内容、规模、形式和水平。认真地把人、财、物等资源管理好，并有效地发挥它们的作用是校园文化管理工作的重要内容。

2. 指导工作

校园文化建设的管理指导要洞察背景。校园是社会的敏感区，社会文化的变动都会波及校园。当前，我国不仅面临着知识经济、信息技术和全球化竞争的国际背景，还面临着经济体制转型、政治民主化和价值观多元化的国内形势。国际国内大环境，从信息技术的日新月异，到政策法规的朝令夕变，再到理想信念、道德价值及生活方式嬗变等，全方位地对校园产生着深刻影响。其正面影响主要表现在人的主体意识的觉醒，竞争意识、成才意识、参与意识、民主法制观念大大增强，开拓进取和拼搏精神得到激发，生活内容丰富，娱乐样式增多，人际交往、社会交往能力得到了不同程度的发展；其负面影响比较集中地表现为学生价值取向的功利化和实用化，生活格调的低俗化以及消极颓废的人生态度。因此，校园文化建设的管理指导要有明确的指导思想。众所周知，校园文化具有自由度大的特点，但是，自由绝不意味着不要引导。校园文化是无声的思想工作，良好的文化氛围能使人们在不知不觉中自觉自愿地接受教育，这便是"此时无声胜有声"的教育艺术的力量。新时期的校园文化建设及其管理，要努力做到"以科学的理论武装人，以正确的舆论引导人，以高尚的精神塑造人，以优秀的作品鼓舞人"。实践证明，坚持以正确的理论作指导，就能保证校园文化建设的正确导向，抵制形形色色的错误思潮的消极影响，就能保证校园有稳定的政治环境、浓厚的学术环境和健康的生活环境。

3. 组织沟通

沟通即信息交流，是联络通信的意思。组织沟通使信息的作用得以发挥。作为管理手段，沟通是组织生存和发展的前提。沟通的方式有很多。从层次上，可分为个人与个人、个人与团体、团体与团体之间的沟通；从方向上，可分为单向沟通、双向沟通；从合法性上，可分为正式沟通、非正式沟通；从结构上，可分为上向沟通、下向沟通及平行沟通；从工具上，可分为口头语言沟通与书面语言沟通；从中介上，可分为直面沟通与媒介沟通等等。学校管理者应根据实际情况选择沟通方式。

三、校园文化活动的检查及方法

（一）检查目的

在活动实施过程中，需要对整个实施情况进行检查，看其是否偏离了原来的目标，是否达到了理想的进度，措施是否得力，从而使活动的实施少走弯路。

（二）检查方法

①把握检查时机。准确把握进入检查阶段的最佳时机，避免盲目性，适时进入检查阶段。

②了解执行计划。通过了解执行计划的实施情况取得反馈信息并与原来的计划进行比较，来优化实际效果的反馈控制。

③及时、准确、有效地掌握大量信息，这是检查阶段的关键，没有准确的信息，反馈就无法与标准内容相比较，检查就无法达到预期的目的。

四、校园文化活动实施情况的总结

当活动实施完成或进入一个新阶段时，就应对实施的情况进行认真的总结，对于成功的经验与失败的教训都要在总结的基础上，加以整理，记录在册，这样既可以巩固已取得的成果，又可以减少每一环节的失误，提高今后的活动的成功率。

校园文化活动的实施阶段是相互依赖，互相联系的，只有充分保证各个阶段的实施步骤得以落实，方法使用得当，才能使校园文化活动的实施有条不紊，日臻完善。

五、校园文化活动实施过程中应注意的问题

（一）要系统地规划和安排活动

高校校园文化活动是一项系统工程，内容十分丰富，不仅仅是学生开展的课外活动，也包括教师开展的活动和管理部门开展的活动，全校要科学地规划和安排各项活动，做到活动覆盖面广，涉及学校的各个角落；做到活动的宣传影响大，让全校师生员工通过活动形成良好的组织观念，加深对学校工作的全面认识。

（二）要坚持活动的多样化

高校校园文化活动不仅仅是单一的文艺晚会，文艺晚会只是其中的一种形式，要坚持校园文化活动的多样化，满足不同人群的需要，培养全方面发展的综合人才。不同形式的校园文化活动所发挥出来的育人功效是不相同的，要有专家讲座，要有学术交流；要有文艺晚会，要有体育比赛；要有大规模的、全校性的活动，也要有小规模的、班级团支部的活动。要让多样化的活动发挥出多样的功效，促进校园文化建设，推动青年学生全方面发展。

（三）要注意活动的安全性

高校校园文化活动的主体是多样化的，尤其是学生组织开展的活动更要注意安全性。因为大学生缺乏社会经验，视野还不够开阔，对于校园文化活动的危险性缺乏预见，大学生开展社会实践活动，有的是在极其危险的野外进行，

如攀登高峰、户外探险等，就必须要有专门的管理机构对其提出要求，尽可能做到远离危险，保证安全。

（四）要加强对活动的科学管理

任何一项活动要想发挥重大作用，必须要有科学的方法指导，实施科学的管理。活动不在于多，而在于精，要在科学发展观的指导下，对多样化的校园文化活动进行正确的选择；要在活动准备时和活动进行中，对活动进行科学的管理，尽可能地发挥人、财、物的最大化作用，达到活动效果最大化的目的。

（五）要不断地创新活动的形式和内容

校园文化建设是一个不断发展的动态过程，没有一成不变的校园文化。随着社会的发展，人们的需求和价值观念也越来越多元化，校园文化活动的组织者要开拓性地创造新的校园文化活动，满足大家的新需要，调动大家参与校园文化活动的积极性，让校园文化活动能够影响到所有师生员工。

第三节　校园文化活动的评估方法

一、校园文化活动评估的指标体系

校园文化评估的指标体系是评估的内容。作为一个完整的体系，它反映了活动多侧面、多层次、多结构的主体功能，包括校园文化活动从方案制定到活动实施到活动效果这一完整的动态过程。建立科学的校园文化活动评估指标体系是评估工作的重要一环，是保证评估工作客观、有效的重要步骤。根据指标体系应具有科学性、可行性、灵活性的要求，我们拟出校园文化活动评估指标体系的基本模式，包括活动内容、活动实施和活动效果三个方面。

（一）活动内容

①指导思想是否符合党的教育方针和建设校园文化根本目的的要求。

②活动目标是否具有一定的可行性，与客观实际相适应。

③活动原则是否符合“业余自愿，形式多样，健康有益，勤俭节约”的原则。

④活动内容是否体现师生员工素质的本质特点，是否健康有益，适应时代发展的需要。

⑤活动形式是否生动活泼，丰富多彩，符合师生员工身心发展的需要。

⑥活动结构设计是否合理，活动的实施步骤是否紧凑、有序、完整。

（二）活动实施

①评估宏观、中观、微观决策机构的状况，活动实施机构是否健全，是否灵活，效率如何。

②评估干部队伍和业余骨干队伍的状况。

③评估物质条件以及党政工团齐抓共建的程度。

④评估组织过程条理化情况，组织作风是否严谨，组织手段科学化程度，上下协调情况。

⑤评估宣传机构状况，宣传人员的素质和能力，宣传手段的状况，宣传效果如何。

（三）活动效果

①根据活动在社会上的影响，得出社会对活动的反映、评价及认可的情况。

②根据活动在学校内部的影响，得出学校对活动的反映、评价及认可的情况。

③根据活动对师生个体的影响，得出师生对活动的反映、评价及认可的情况。

二、校园文化活动评估指标体系的特点

评估，就是确定一个尺度，以这个尺度来衡量方案和预定目标，并把两者进行比较，尽可能定量地明确问题之所在，针对问题采取措施和对策，使方案进一步完善，或在几个替代方案中进行排序，选取其中最优的方案。校园文化活动评估指标体系应具备如下几个特点。

（一）科学性

指标体系的总目标要体现被评对象的本质和总体要求。指标分解时，每个层次、每项指标的设计都要有科学依据，避免主观随意性。另外，指标体系内的各项具体指标要保持一致，避免相互冲突、矛盾。

（二）独立性

各项指标要有明确的独特的含义。做到内涵准确，外延清楚，词意清晰，明白易懂。并且，同级指标之间，在逻辑上必须是并列关系，不能重叠、交叉或包含，也不能有因果关系。另外，还要特别注意的是，两个具有独立性的指标不能合并在一起，否则会导致漏评。

（三）完成性

一个指标体系所反映的广度和深度，应当包含或覆盖评估体系的全部本质属性。换言之，所有指标加起来应等于这个系统本身的整体属性。指标涉及的点要力求全面，不遗漏。因为构成事物本质属性的因素是多种多样的，所以评估也要从各个方面进行，否则会导致以偏概全，甚至挂一漏万。当然覆盖全，不遗漏，也不是绝对的，如果过分追求全面覆盖、包罗万象，指标会非常多，会对评估工作造成困难而导致人力、物力、财力的浪费。因此，应排除非本质的指标，做到本质属性不遗漏就可以了。

（四）可测性

指标应用可操作的语言加以定义，指标的内涵必须是可以通过实际观察和直接测量而获得明确结论的。

（五）可接受性

包括两层意思：①指标要从评估实际出发，不规定超现实之外的要求；②按各项指标进行考察、测量是可行的，各项指标都有充分的信息可以利用，能有充分的人力、物力、财力完成各项指标的评估。

三、校园文化活动的评估方法

评估方法的好坏直接影响着评估的效果，特别是在校园文化活动的评估尚未科学化的时候，尤其应注意方法的探讨。常见的评估方法主要有以下几种。

（一）工作汇报法

这是被评估对象向评估人员汇报活动计划、方案等的方法，形式有：座谈汇报、单独汇报、书面汇报等。

（二）实际考察法

这是在评估人员深入活动实施的具体过程之中，对活动实施的各个环节进行实际考察和调查研究，详细了解活动组织与实施过程的方法。在进行实际考察时，应注意抓住现象之间的联系，重视行为的相关性，把握活动的开始、进展、终了的全过程以获得全面的资料。

（三）试卷测验法

它是通过对不同对象进行笔试从而获得资料的方法，可以对多数被试者就广泛的问题在短时间内通过测验得到结论，测试内容应尽量具体、客观、简单。

（四）追踪考察法

这是通过对活动的开始、发展、结束及滞后影响进行综合集中考察，从而获得不同时间、不同内容、不同对象动态变化的方法。由于活动的效果同发展过程之间有必然的联系，因此，仅仅考察活动的反映和评价，还不能完全了解其效果的全部内容。当然，在追踪考察过程中既要注意追踪各个环节的内容，抓住各个环节的联系，又要注意追踪过程的客观记录，以加强评估的客观性。

以上四种方法是大学校园文化活动评估常采用的方法。这些方法虽有各自的优点，但易受评估人员的主观因素的影响，因此，有待于在实践中进一步完善和发展。

四、校园文化活动评估的重要性

（一）校园文化建设的重要内容

校园文化活动是实现校园文化目的的具体手段和主要载体，而评估则是对决策方案的客观评价，是对过程和结果进行定性、定量综合评价的过程。一方面，校园文化活动的原则、内容和形式都有其自身的内涵和外延，但活动是否遵循正确的原则进行，活动内容是否反映了提高师生员工素质的本质特点，活动的形式是否丰富多样，不进行正确的评估是无法知道的；另一方面，通过评估可以分清哪些是积极因素，哪些是消极因素，哪些是成绩，哪些是问题，促进活动的改进和创新。因此，校园文化活动的评估是非常有必要的。

（二）校园文化活动科学化的基本要求

大学校园文化活动是一个集多因素、多层次、多方位、多过程、多效应于一体的动态系统，要了解和推动这个复杂的体系，使各方面有机地结合，必须对活动进行科学化的分析和计划，即弄清活动的过程，包括指导思想、内容原则、形式是否合理，对活动参与者的影响是否理想等。只有这样，才能对活动有深刻的了解，从而在实际工作中调整活动的部署和安排，并为今后的活动提供必要的依据。

（三）加强和推动校园文化活动的需要

校园文化建设在理论和实践上尚处于探索阶段，对以往的经验和资料也缺乏系统的分析，因此，抓好校园文化活动的评估必将推动校园文化活动的发展和繁荣。另外，在科学评估基础上的激励工作，对于调动师生活动积极性，形成积极向上的环境也有积极的意义。

参考文献

[1] 代祖良．创新校园文化的途径与方法 [M]．北京：光明日报出版社，2018．

[2] 李海红．校园文化建设理论探索与实践案例 [M]．北京：光明日报出版社，2018．

[3] 才忠喜，张东亮．校园文化理论与实践研究 [M]．西安：西安交通大学出版社，2015．

[4] 吕开东，张彬．高校学风建设与校园文化融合发展研究 [M]．北京：光明日报出版社，2018．

[5] 贾霄燕，柏林，王静，等．高校校园文化建设探索 [M]．石家庄：河北人民出版社，2015．

[6] 赵军．高职校园文化建设概览及实务 [M]．成都：西南交通大学出版社，2015．

[7] 梁英，陈恕平．做生根的教育——大学校园文化创新项目培育探索 [M]．北京：光明日报出版社，2015．

[8] 马来焕．校园文化价值取向 [M]．北京：北京理工大学出版社，2012．

[9] 王官成，苟建明．高职院校文化育人的创新与实践 [M]．北京：光明日报出版社，2018．

[10] 梁纪恒．新时期特殊教育学校校园文化建设与研究 [M]．北京：中国轻工业出版社，2016．

[11] 王春晖，曹良韬．忠诚的印迹：哈军工——哈船院——哈工程 [M]．北京：光明日报出版社，2018．

[12] 王红．高校校园文化制度创新建设 [M]．南昌：江西人民出版社，2014．

[13] 徐公芳，杨方．文化育人的探索与实践 [M]．北京：中国言实出版社，2017．

[14] 王思名．校园文化与大学生品格发展 [M]．石家庄：河北教育出版社，2013．

[15] 王新华．契合与笃行——校园文化建设与大学生社会主义核心价值观实践教育研究 [M]．秦皇岛：燕山大学出版社，2018．

[16] 何独明．大学校园文化概论 [M]．成都：西南交通大学出版社，2010．

[17] 余瑾，刘双清，姜盈．新媒体环境下的高校校园文化建设 [J]．文教资料，2018（30）：66-67．

[18] 侯典举，陈捷．高校校园文化建设的价值取向与着力点研究 [J]．学校党建与思想教育，2018（18）：49-51．

[19] 黄苹，孙晓川．新媒体时代高校校园文化建设的基本途径探究 [J]．艺术科技，2018，31（10）：39．

[20] 焦红艳，李春燕．民办高校校园文化建设的困境 [J]．知识经济，2018（17）：128-130．

[21] 宋建华．新时期艺术院校校园文化建设策略研究 [J]．艺术评鉴，2018（16）：169-170．